いつも幸せな人は、2時間の使い方の天才

有錢又快樂的人都這樣做

你與幸福的距離，只有2小時

今井孝——著　高宜汝——譯

「凡擇日之事，皆今日可為。」

米歇爾・德・蒙田（西元一五三三～一五九二年，法國）

讓自己成爲永遠幸福的人，

就要與珍貴的時間這樣相處。

本書重點！

①	拋棄「每一刻都很充實才算幸福」的想法。
②	找出日常的浪費時間，戒掉它。
③	找到「讓自己幸福的事」。
④	安排計畫體會「最好的時光」。
⑤	確定長期目標，把時間用在未來。
⑥	有意識地去享受幸福。

一前言一

獻給想多多享受人生卻虛度光陰的人

「每天都很忙，但是感覺都在瞎忙。」

「今天事情也沒做完。」

「好不容易放假，一整天什麼都沒做。」

「今年也跟以往差不多。」

「明明很幸福，不過有時會突然覺得空虛。」

如果這些念頭曾在你心裡冒出，即使只有一下下，也請務必繼續看下去。

當你讀完這本書後，你的人生想必會變得更加開心、更加耀眼、且更加充實。

「為什麼我的生活如此無趣又枯燥？」

應該不少人只要瀏覽社群平台就會浮現這種想法。

因為企業家、藝人、網紅等都會在社群平台，上傳光鮮亮麗的生活點滴。

我也曾經抱持著這種心情度過上班族時期。

當時還沒有社群平台，但是在電視或雜誌上看到成立科技公司的創業家，就是會拿來跟自己比較，然後感受小小的絕望。

儘管我身體健康，也有正當的工作，偶爾還可以帶全家去旅遊。如果有人問我「你幸福嗎？」我一定會回答很幸福。

只不過，一想到要像現在一樣繼續過著日復一日的生活，就讓我頭暈目眩。

直線來回公司與家裡，一成不變的人生。我不知道該怎麼做，才能找到真正的幸福。

▼就算有所成果仍感到空虛

某一天，轉機突然到來。

公司將新事業交給我開發。

一開始只是個小專案，後來規模越來越大，讓我興起「如果這個專案能夠成功，說不定人生也會有所不同」的想法。

我為了這個專案鞠躬盡瘁，三年來承受龐大壓力開創新事業，最終以團隊主管的身分獲得公司內部的表揚及肯定。

但是，這件事的結局並不圓滿。

因為我不想再做這份工作了。

雖然開創新事業的工作真的很有成就感，我卻一點都不適合管理一個團隊。

於是我離開公司獨立創業。

畢竟先前有過成功開創新事業的經驗，我意氣軒昂地獨自創業，但是公司整年的業績卻萎靡不振，從第一個會計年度起就虧損幾百萬日圓，可說是從谷底出發。

看過谷底景象的我，努力咬牙往上爬，不惜犧牲睡眠時間也在工作。

那時我負責主辦一位知名老師的講座活動。我親力親為地招攬聽眾，總算讓業績逐漸好轉。

令人感恩的是，公司業績開始以一千萬、兩千萬日圓增長，對小公司來說算是非常成功了。

然而，等著我的仍然不是完美結局。

當時我覺得迷惘又無能為力。

因為實在是太痛苦了。

我的收入的確比上班族時期更好，但每天還是覺得身心俱疲。

我生怕業績下滑所以拚命工作，一整年只有幾天可以稍作喘息。

即使賺到一大筆錢，對當時三十幾歲的我來說，一想到這種情況還要持續十幾二十年，就嚇到背脊發涼。

「這樣稱不上成功。」

坐在回家的電車上，我不禁浮現了這個念頭。

什麼都不做時覺得空虛，努力做出成績也不幸福。
這究竟是怎麼一回事？

我又再次感到絕望。

▼不停追尋幸福的每一天

我覺得再這樣繼續做一樣的事也不會幸福。

於是，開始向看起來很幸福的人們請教：「要怎麼做才會幸福？」

我聽了很多成功企業家的故事。

這些人的生活跟我想像的截然不同，他們沒有花費大把錢財在奢華享樂上，雖然過得比一般人豐足，不過花錢方式仍在合理範圍。

而且，這些人全部都是熱衷於工作的人。

他們跟當時的我不一樣，每個人都工作得很開心。就算在事業上花了很多時間，仍然讓自己過得很幸福。

為什麼他們不覺得痛苦呢？我感到非常不可思議。

在訪談過多位成功者並多方研究後，我發現那些很幸福的人跟不幸福的人，其實沒什麼差別。

幸福的人一天裡大部分的時間都跟一般人一樣。

只有一點跟其他人大不相同。

他們會在一天中創造出「最好的時光」。這個最好的時光，平均約兩小時。

一天中跟一般人最明顯的不同，僅有那兩小時。也就是說，人只要在兩小時內過得充實，就已經夠幸福了。

「光是晚上跟好友約好一起喝兩杯，只是喝兩小時就覺得一整天很幸福。」

「週末打算參加兩小時的音樂會，光這樣就覺得一週都很幸福。」

想必很多人都有過這種感受，而充實的一天就如同這種感覺。不需要每時每刻都很充實，只要好好地把兩個小時過好就好。

只需要把二十四小時內的兩小時過成「最好的時光」——

對，沒錯，總是很幸福的成功者，都是善用兩小時的天才。

察覺到這件事之後，我的人生有了巨大的轉變。

我學會在生活中享受人生。

我一開始做的都是些小事。

看喜歡的電影、泡三溫暖、偶爾旅行等，我開始刻意保有讓自己幸福的時間。

結果，不可思議的事發生了。**當我開始享受人生後，公司業績竟跟著節節高升。**

內心逐漸感到從容後，我便開始到音樂教室學單簧管，還挑戰跑馬拉松，也開始研讀從以前就很想學的英文。

沒想到公司業績竟然再攀高峰，終於突破一億日圓。

這個結果不是因為我多努力。

只是因為我開始享受人生，品嘗到幸福的滋味，結果讓公司業績有所成長。

在許多人的幫助下，我能做到的事變得更多。像是出版了超過十本商業類書籍、開辦約千人參加的講座活動、舉辦單簧管演奏會等，我開始做得到一些對自己相當重大的事。

▼一天兩小時，就能改變一切

改變人生不需要做什麼艱困的事，也不用為此所苦。

僅須好好重視兩個小時，人生就會變得絢爛耀眼，富足又令人喜愛。

長期下來，還會帶領你走向超乎預期的境界。

所以，希望各位每天都可以全心全意投入讓自己變幸福的事情上，只要專注兩小時就好。

本書詳細敘述每天只用兩小時就能變幸福的「與時間相處的方法」，這是我經過幾番波折才體悟到的。

書中會一步步解說**與時間相處的方法**。這個方法不是要你玩樂度日，而是讓你真切地活在幸福之中，珍惜每天的充實感，時間一久就能獲得豐碩成果。

第一章解說為何**一天只要兩小時就能幸福**。光是知道「每個人都可以馬上變幸福」，腦海中對人生的印象就會變得更美好。

第二章介紹**找出浪費掉的時間**，**並且改正浪費的習慣**，藉此製造出珍貴的兩小時。除了明顯是在浪費時間的事情外，或許你會從中發現這些事不但五花八門，數量還超乎想像，多到讓你大吃一驚。

第三章說明**找出讓自己幸福的方法**。藉由具體得知滿足自己的訣竅，讓自己更容易感受每一天的幸福。

第四章介紹**如何安排行程**，才能體會最好的時光。你會明白只是改變一天的行動順序，就能輕易獲得幸福。

第五章解釋除了短暫的幸福外，如何**達成長期目標，真正活出美妙的人生**。抱有長期夢想或目標，就能讓今天變得更耀眼。

第六章解說**如何透過感受滿滿幸福感，來為最好的時光升級，讓整個人生變得更豐足**。

▼成為享受人生的夥伴吧

本書的內容相當單純，**無論是誰都能在任何狀況下實行，而且立刻就能從每天的體驗中感受到變化**。

實際上，開始實行的人之中已經有很多人在品味人生。

自創業以來，我就不斷在協助把喜好當工作，自由自在生活的人。每年皆有超過百人來找我諮詢，大家也真的找到自己想做的事，並將其當作事業，生龍活虎地大展身手。

而且他們不只在工作上表現傑出，大多數人的私生活也非常充實。有人的畫作獲獎並展示於羅浮宮美術館，也有人重新開始學習小時候學過的鋼琴，或是著手畫出塵封內心已久的繪畫，還有參加海外自行車比賽等。

我也會跟他們一起出去玩。一起看美術展、在屋形船上玩樂、挑戰高空彈跳、到鈴鹿賽車場觀看F1比賽、舉辦爵士樂音樂會等，一同擁有快樂時光。搞不好他們跟我一起玩的時候，比跟我討論工作還更開心。

這些情形當然有可能發生在你身上。

實行本書內容後，想必你就能滿足物質或精神上的需求，活出充實的人生。

一想到藉由出版這本書，一同享受人生的夥伴會越來越多，就讓我十分期待。

來吧，請翻開下一頁，踏出前往幸福世界的那一步。

第1章
只需兩小時，就能創造充實的一天

第2章

戒掉「不做也無所謂的事」，增加美好時光

第3章

了解「什麼才能滿足自己」

第4章
規畫每一天的幸福行程表

第5章
累積瑣碎時間，就能創造浩瀚人生

第6章 品味人生

第 1 章

只需兩小時，就能創造充實的一天

「最棒的一天」的眞面目

請問：

「對你來說，什麼是最棒的一天呢？」

你能明確地回答這個問題嗎？

至今我問過很多人這個問題。

常聽到的回答大致可以分成以下兩種。

一個是**充滿幹勁的一天**。

早起參加晨間活動的讀書會。
之後跟夥伴一起聊天吃早餐。
接著到公司上班，管理部下、與顧客開會、製作專案報告的提案資料等，充滿幹勁地工作並做出成果。
工作結束後去接小孩，全家一起吃晚餐。
晚上在線上英語會話教室學習，再去外面跑步。
最後洗個澡，觀賞喜歡的連續劇後就寢。

這種生活完全就是「很有能力的人」的感覺。

另一個常聽到的答案是**在度假村悠閒放鬆的一天**。

在飯店輕睜雙眼時已是早上十點。
沖個澡後跟伴侶在喜歡的咖啡廳享用早午餐。
下午到海灘偷得半日閒，閱讀觀望已久的小說，傍晚左右去按摩。
稍微打扮一下，出發前往劇場觀賞期盼已久的舞台表演，在餐廳吃頓稍遲的晚餐。回飯店後再享用紅酒。

這種生活方式很棒對吧？從早到晚，二十四小時全程都很完美。

可是這種日子，通常不知道一年內有沒有一天。

不需要做到這種程度，**每個人都可以更輕鬆地度過美好的一天**。

即使不用活得像九〇年代當紅電視劇般閃亮亮的生活，我們也可以讓每一天更充實。

而且充實的日子一年不只有一天，是每一天，三百六十五天都可以過得很豐足。

▼只要有「最好的時光」，就能增加幸福的總量

請想像一下。

如果每天都過得很充實，生活會出現什麼變化呢？心情會變得興奮雀躍，行動力也自然而然增加，想做的事情應該會越來越順利吧。

照這個狀態持續下去，每一年都會開始新的挑戰。完成每項新挑戰，就能活在理想的人生之中吧。

其實過充實的好日子非常簡單。

我們不需要二十四小時都很美好，也能感覺過了「美好的一天」。

・跟朋友去喝了兩個小時的酒，超開心。
・今天看了片長兩個小時的電影，刺激到不行。
・小孩寫了一封讓我很開心的信。
・苦思許久的問題，突然冒出解決的好點子。
・幫迷路的人指路後，對方很開心。

所謂充實的美好一天就像上述，只需要兩小時就能實現，有時候還只需要十分鐘或一分鐘即可。

只要有這個「最好的時光」，一整天都會變得如此美好。

比方說，今晚已經跟交往對象約好共進晚餐，是不是會讓你從早上心情就很雀躍，上班途中心情也很好呢？

就算有人再拜託你做同樣的工作，你也會努力處理，不讓自己加班吧？

於是，那一天就會感覺工作起來比平常還要充實。

跟交往對象的用餐時光或許只有兩個小時，但也因為這樣，讓早晨、上班途中，以及工作時間都變得很充實。

很多人覺得被時間追著跑，或是在浪費時間，箇中因素就是因為每天的生活中沒有訂定出僅僅兩小時的「最好的時光」。

只要有「最好的時光」，一整天就會很幸福

因為今晚可以
跟他見面，
讓我一整天心情
都很好。

總是被時間追著跑的人，感受到自己「今天也做完這麼多工作了」，過著擁有成就感的每一天，他的生活會變得如何呢？

總是浪費假日時光的人，感受到自己「今天也好好放鬆了」，過著繽紛的假日，他的生活又會變得如何呢？

如果每天都能做到該做的事，也可以好好放鬆，還可以為了未來運用時間的話……

而且，只需要一天二十四小時中的兩小時就能做到，不覺得可以輕鬆改變人生嗎？

向「今年也跟以往差不多」說再見的方法

這個方法無論是一星期、一個月，或是一年都適用。

充實的一年不是三百六十五天、每天都成就感滿滿，或是連續發生超重大的事情。

例如我某一年去復活島旅遊，看到了長久以來一直很想親眼見識的摩艾石像。

在復活島上的東加里奇祭台看摩艾像的時間雖然只有兩小時，但是我只要想起這件事，就衷心覺得那是個美好的一年。

又或是某一年我辦了一場單簧管演奏會，吹單簧管是我的興趣之一。

整場表演大約兩小時，而我的吹奏時間大概只占其中的三十分鐘，但只要想起那一天，我也會覺得那是個美好的一年。

▼列舉累積起來的最好的時光

慢慢累積最好的時光後，就能在不知不覺中前進致遠。

以我來說：

- 順利創業。
- 舉辦約一千人參加的演講。
- 出版超過十多本書。
- 多益考了九百二十五分。
- 舉辦單簧管演奏會。
- 東京馬拉松全程完賽。

我就像這樣於公於私慢慢累積最好的時光，讓自己每一年都是美好的一年。

只要試著將一路做到的事情列舉出來，就會開始覺得「我的人生還真棒」。

不過這些事當然不是一口氣就能全部做完，而是花了好幾年來完成。「出版超過十多本書」的那一年，當然是在好幾年前有過「順利出版第一本書」的美好一年，而在那之前也有過「開始發行電子報」的美好一年。

每天寫一則電子報或許只是件非常渺小的事。

可是，只要每天不斷感受小小的成就感，最後就能帶來大大的成果。

另外，在得以舉辦單簧管演奏會之前，我已經在單簧管上投入了十多年的光陰。

三十六歲才開始學單簧管的我，很難像國高中生練團一樣立刻就上手。

而且每天的練習時間很短。

都是在工作之餘吹一下來轉換心情，立刻又回到工作崗位上。

即使如此，我每天都會練習，越來越熟練。當我的程度已經足以在人們面前表演時，真的非常感動。

一年有三百六十五天，只要用來專注在某件事情上，就能得到一定的成果。

而且還會很有充實感，覺得是個美好的一年。

不再為了成為某個人而掙扎，也不再想著一步登天。開心過著充實的一年，累積一個個「最好的時光」，就是活出理想人生的訣竅。

手段一旦淪爲目的就不會幸福

我曾在遊樂園看到催促小孩「快一點」的父母，他們感覺有些煩躁。小孩被唸之後有些不甘願，怎麼看都不像樂在其中。明明是為了開心玩樂才來遊樂園，卻因此悶悶不樂，不覺得很奇怪嗎？

搭乘很多遊樂設施，或是坐在最前排觀賞表演，這些只不過是為了開心玩樂的「手段」。

但是不知不覺間，手段卻變成了「目的」。

這個情況也可套用在人生的所有事情上。每個人應該都有自己追求的目標。

・工作上有好成果。
・考到證照。
・存到一百萬。
・馬拉松全程完賽。
・交到男／女朋友。
・創業。
・成為成功的藝術家。

這些目標都只是**讓自己幸福的手段**而已。

不管是誰，人生目的都是得到幸福。
如果工作有了好結果，你的心情會如何呢？
一定會覺得自己很棒吧？
考到證照，有了成就感後，或許也會開始有自信。

達成目標之後，心情一定非常好。

幸福就是指這種「內心狀態」。

換句話說就是好心情。

▼面對結果時，你會感覺到哪種情緒呢？

當人在追求某個目標時，**不是為了得到結果，而是為了感受達成目標後的情緒**。

即使工作上有了好結果，但心情上只有痛苦的話，應該沒有人會想繼續為此努力。

總之，無論立下什麼目標，最終目的都是為了感受情緒。

想過幸福人生，請不要忘了這件事。

明確了解你想在人生中感受到什麼情緒？

創造讓自己幸福的兩小時

我想大家應該也了解，變幸福的關鍵其實非常單純。簡單來說：

①知道自己想感受哪種情緒。

②每天去做可以感受到那種情緒的事情。

只要做到這兩點就好。

所謂的「每天去做」，就像前面說過的，最多也才兩小時。

這麼簡單的話，應該會有很多人過著幸福的人生才對吧？

▼踏上幸福的捷徑

但是，實際上卻有很多人覺得人生並不幸福。

如果問住在日本的人「你幸福嗎？」，應該會得到「我很幸福」的回答，這點無庸置疑，畢竟日本很安全、乾淨、方便、吃得飽，又有很多休閒娛樂——可是幾乎沒有人打從心底覺得人生充實又美好。

其實很多人都在幸福的路上繞遠路，明明走捷徑就可以變幸福。

變幸福，不需要出人頭地、提高年薪。

也不用成為知名創業家讓事業大成功。

更不需要得到全世界的稱讚。

需要的是騰出真的能讓自己幸福的兩小時，只要做到這點就好。

如果做到這點，無論是誰都能立刻過上幸福的每一天。

接著慢慢累積充實的每一天，不知不覺就會走進理想的人生。

不需要三百六十五天、二十四小時每時每刻都很努力，只希望大家可以在一天中短短的兩小時內，全心全意投入在屬於自己的幸福裡。

只要做到這點，你的人生就會不同。

爲什麼每天都不上不下呢？

明明只要騰出兩小時就能獲得幸福，為什麼大多數的人卻過不了充實的人生呢？

為什麼每天只覺得很忙，一點都不充實？

另一方面，為什麼就算有一整段自己的時間，卻總是在浪費呢？

答案很簡單。

因為你不知道做什麼會感到充實又幸福。

你不知道自己想擁有哪種心情，也不知道怎麼做才能感受到那個情緒。

所以從來都沒感受過自己想要的情緒，並在這種情況下漸漸變得無感，度過每一天。

話說回來，為什麼現代人無法理解幸福是什麼呢？

從我個人的研究可以整理出五個原因，分別是：

①太想安心安定。

②認為沒有錢就做不了事。

③太重視「想做的事」遲遲無法行動。

④認為做很多事才算充實。

⑤太在意他人的想法。

容我一一說明。

▼不需要的五個思維

①太想安心安定。

比起自己想做的事，更優先考慮無風無浪地安心生活。

可是，當你**一旦決定只要有一點點風險就不做，人生就會變得很無聊。**

・不點沒吃過的菜色。
・電影要等到有免費片源才看。
・工作上把就算犯錯也不會被罵擺第一。
・選擇較穩定的職業，而不是感覺很有趣的職業。

應該不少人都過著這種生活。

人會陷入這種思維，說不定是因為這一生中旁人總是叮嚀著「千萬不要失敗」，或媒體、網路新聞總是灌輸著恐懼。

每天過這種生活，也許不太會捲入大麻煩，但很難感受到挑戰時的興奮感。

②認為沒有錢就做不了事。

「如果有錢就能吃好吃的了。」

「如果有錢就能去旅遊了。」

「如果有錢就能買喜歡的衣服了。」

說著這樣的話，卻什麼事都沒做的人應該不少。

大部分的人都想著「要先賺錢」，然後為此拚命努力。

讀好學校、到好公司上班、做副業或創業、或是投資賺錢，大家都覺得要等到有錢再來做自己喜歡的事。

不過買漂亮的衣服、到餐廳吃飯、外出旅遊，需要花那麼多錢才做得到嗎？

想要變幸福，真的需要花那麼多錢嗎？

其實大部分的情況都不是錢不夠用。

嫌貴的高級餐廳，其實也只要幾千元，到高級飯店的酒吧喝飲料，雖然會花幾百元，但若問「你真的付不出來嗎？」，我想大家應該都出得起這筆錢。

能讓自己幸福的事情，其實不太需要那麼多錢吧？

我最喜歡佃煮海苔醬。一吃到佃煮海苔醬就讓我覺得很幸福，而它只需要幾百日圓就買得到。

人們大多只是一直說著要先賺錢，讓自己在幸福的路上繞遠路。

③太重視「想做的事」遲遲無法行動。

太過重視想做的事，有時候會變得光說不練，讓事情一延再延。

這是因為自己太重視那件事，不想讓它失敗。

像是有人明明想靠唱歌維生，卻因為害怕大家會覺得不好聽，不敢挑戰。

這種思維真的非常可惜。

如果是自己很在乎的事，只要去做一定就會幸福。卻偏偏因為太過重視而無法行動。

④認為做很多事才算充實。

網路上每天都充斥著許多資訊。

或許你曾想過既然有這麼多新鮮事或有趣的事，不全部做過一遍就太吃虧了。

嘗試各種事物雖然不是壞事，但若每一件都只是半吊子，可能最後完全感覺不到任何充實感。

了解讓自己幸福的事物後，不管是一個還是兩個，都去試試看，就可以增加人生中的滿足感。

可是若受到太多資訊影響，結果可能會因此失去自我價值感。

⑤太在意他人的想法。

不少人因為不想太顯眼、不想被排擠、不想被批評，於是生活中太配合身邊的人。

不過，這麼做只會把時間花費在雖然對他人是好事，但對自己來說沒有那麼幸福的事情上。

這也是為什麼有些人總是背負太多工作在身上的原因。

讓人生無趣的五種思維

①太想安心安定

· 不點自己沒吃過的菜色。
· 把工作上不出錯擺第一。

②認為沒有錢就做不了事

· 如果有錢就能去旅遊了。
· 如果有錢就能買喜歡的衣服了。

③太重視「想做的事」遲遲無法行動

· 害怕失敗不敢行動。

④認為做很多事才算充實

· 每件事不試一遍的話也太吃虧。

⑤太在意他人的想法

· 不想太顯眼。
· 不想被排擠。

擺脫不充實的五階段

解說完每天感覺不上不下、不充實的理由之後，究竟要怎麼做才能擺脫這個情況呢？

請放心。本書將各階段在後面分成好幾章說明。

分別如下：

①戒掉「不做也無所謂的事」。

②了解「填滿自己情緒需求的事物」。

③度過充實的一天。

④時間也要用在未來。

⑤意識到幸福並享受它。

先簡單地一一說明。

▼只須做到五階段，人生便能隨心所欲

①戒掉「不做也無所謂的事」。

最先要做的是戒掉不做也無所謂的事。

許多人都因為太忙，即使想要做些新挑戰，也覺得日常生活中找不到空隙。

每天被生活追著跑，或許會讓你浮現忙得很無奈、事情做不完等疑惑。

可是**只要冷靜下來仔細回顧日常，就會發現我們正在做很多沒必要的事，而且多得出乎預料**。

因此我們要做的第一步，就是從正在做的事情裡找出不會讓自己跟別人變幸福、也沒必要做的事，然後戒掉它。

這就是打造兩小時的充實時間、最好的時光的第一步。

第二章會再告訴大家如何找出需要戒掉的事情，以及戒除的方法。

②了解「填滿自己情緒需求的事物」。

完成第一階段後，接著進入了解哪些事物會讓自己變幸福、了解最好的時光是什麼。

雖然名為「最好的時光」，但其實沒有那麼誇張。

即使是小事，只要能讓自己覺得很幸福就是最好的時光。光做到這點就可以增加每一天的充實感。

最先要做的就是了解自己想感受的情緒是什麼，再找到讓自己幸福的事。

不知道自己在什麼狀態下才幸福的人意外地多，所以我會仔細說明每一個步驟。

就算不是有錢人、不是名人，也可以做自己想做的事。然後活出最棒又充實的一天。

我會在第三章介紹這個方法。

③**度過充實的一天**。

接下來，我們要怎麼安排這些幸福時光，才能感覺更充實或幸福呢？簡單來說就是如何**安排行程**。

例如準備好犒賞自己的計畫、決定每天的主題、平均排入「成就感、交流、放鬆」等，來充實每一天。

你應該也能理解到做的事情雖然一樣，但僅是變換順序，就算只有兩小時也可以製造出最好的時光。

關於這件事，將在第四章透過各式各樣的範例詳細介紹給大家。

④**時間也要用在未來**。

進入這個階段之前，靠先前的方法就足以藉著做喜歡的事度過時間，為自己增加充實感。

不過，重要的不僅是做短期能完成的事，利用三年、五年、十年，甚至花更久時間一步步完成大目標也很重要。

完成這些長期目標，便能獲得龐大的成就感跟充實感，在人生嚥下最後一口氣前，你一定也會覺得「真是個美好的人生」。

該怎麼訂定遠大的目標？怎麼規畫才能過幸福的每一天，同時達成遠大的目標？第五章會談到相關話題。

⑤意識到幸福並享受它。

最後的階段是品味人生。

即使過著一樣的生活，有人滿口抱怨，也有人覺得很幸福。之間的差異跟人的個性無關，而是跟有沒有執行某個方法有關。這個方法能讓人在同一件事上感覺更充實、更幸福。

只要花點小心思，就可以讓人在工作或活動中感受三倍的充實與幸

福。

第六章將告訴各位更加品味、享受人生的方法。學會這個方法後，你的兩小時、甚至一整天，都會變得更有價值。

如果可以一一完成這五個階段，你的人生想必會越來越充實。就算旁人看起來沒什麼變化，你的內心也一定充實又幸福。當你開始了解現在的行動會帶來理想的未來之後，就能實際感受到自己的進步。

最後，未來的你也會出現劇烈的變化。

接下來，請繼續閱讀第二章。

先從去除生活中沒必要的東西，騰出時間與精力上的從容開始。

第 2 章

戒掉「不做也無所謂的事」，增加美好時光

生活中沒必要的事多得超乎想像

獲得充實的每一天、理想人生前，必須先做到的就是「減少要做的事」。

減少要做的事，時間就會變得更從容。

同時，內心也會從容。

用這份從容來讓人生變得更繽紛吧。

我自從三十二歲創業後就一直做著自己喜歡的事。

從前就很喜歡培育人才的我，在工作上舉辦研討會或擔任諮商顧問，也開始寫書。

私底下也做喜歡的事，像是旅行、看電影、上健身房、單簧管爵士樂表演、參加東京馬拉松等。

我用讓人生更繽紛的事情填滿著每一天。

但是，我並非一開始就增加自己要做的事。

而是一件一件地減少要做的事。

這麼做是因為上班族時期一直浪費時間在沒必要的事情上。

我原本是ＩＴ相關產業的上班族，那個時期每天渾渾噩噩地工作完，不知不覺就到了快要趕不上末班車的時間。

即使假日加班，想多少補一點工作進度，也總是說不出自己究竟完成了什麼。

「工作不加班就做不完」，我曾認真地這麼覺得。

▼「完結一件事」意外地簡單快速

從某個時期起，我開始在平日晚間上才藝課。

為此，必須在明訂的下班時間晚上六點準時離開辦公室才行。

要上課的那天，我會思考「**要做完哪些事才能下班？**」，然後用最快的方法做完那些工作。

先回覆比較緊急的電子郵件，再依標準寫好必須交出去的文件，開會時也盡快結束會議，把不需要當天做的事情往後延。

結果我順利地完成工作，準時下班，

而且絲毫沒有影響到工作進度。

這件事讓我發現堅持將簡報文字套用個別字型，幾乎沒什麼意義，並打從心底了解自己到底做了多少無謂的事。

因為成功減少了要做的事，讓我得以騰出準備創業的時間。最後離開公司，開創自己的事業。

為了在人生中填滿自己喜歡的事，請從減少「不做也無所謂的事」開始。

日常生活中真的有很多不做也沒差的事。

順手滑過去的社群貼文、慵懶地看電視、沒什麼意義的會議、對結果沒幫助的資料、無聊的餐會等，如果沒有特別留意就會因為惰性而持續下去。

請從思考「這件事真的有必要嗎？」開始吧。

從中午開喝啤酒的大人身上學到的事

寫到這裡，我想分享一點個人經驗。

大學時代我是背包客，只要開始放長假就會到國外旅遊。

某年我因為想看佩特拉古城的遺址而前往約旦，在那裡經歷了改變人生觀的事。

佩特拉是電影《聖戰奇兵》精采最後一幕的取景地，也因此名聞遐邇。

我從關西國際機場出發，在莫斯科轉機後抵達約旦首都安曼，打算隔天搭客運前往佩特拉古城所在的城鎮。

那天我選擇下榻日本人常投宿的便宜旅店，然後就在安曼的街道上漫步。

平日下午，安曼街道瀰漫著中東特有的暑氣，走到石屋的陰影下才會感到一陣涼爽。

▼我們或許可以活得更自由自在

漫步在小巷裡的我，突然看到某個情景。

那個景象讓我深受衝擊。

我看到一群男性，平日大白天坐在咖啡廳看足球比賽轉播。

我不禁呆站在路旁。

幾十個男人正喝著啤酒看電視。

有人看得很認真，有人邊笑邊看。

而我的腦袋塞滿了無法處理的疑問。

「這些人不用工作嗎？」
「不工作活得下去嗎？」
「他們到底怎麼生活的？」

對還是大學生的我來說，這些是想破腦袋也無法理解的狀況。我以為大人就是每天通勤上班，也覺得這種生活就是「社會」。

可是，我發現那只是我身邊狹隘的社會。

「咦？我一輩子努力讀書，但其實不用努力到這種地步也不會死嗎？」我感覺自己放鬆了下來。

「國家」、「公司」、「金錢」，世界上有各種框架，但這些單純只是個概念。

假如後退好幾步來看世界，會先看到宇宙，太陽系中有地球，我們只是恰巧出生在地球，現在在這裡生活而已。

我們只要自由地生活在地球上就好。

只要開心生活就好。

人類為了彼此互助，規畫出名為「國家」、「公司」、「金錢」等制度及規範，但這些都只是一種手段。

要在地球上開心生活，我們可以運用「金錢」這項道具，也可以考「證照」、使用「社群平台」。這些不是義務，單純只是手段，一種「額外的東西」。

意識到結局就能明白哪些是該做的事

我們存在於地球的時間有限。

以平均壽命來說，大約是八十年再多一點。

稀鬆平常地過生活就會忘記這件事，渾渾噩噩、毫無作為地度過有限又重要的人生時光。

我在寫這篇原稿時已經五十歲。假設我能活到八十歲，我的人生只剩下三十年，能用現在這種效率工作的時間可能只剩十年左右。

再加上到了這個年紀，會遇到身邊親近的人去世，也曾收到社群上互動的人的死訊，有時候對方可能還比我年輕。

雖然三十、四十幾歲的時候沒什麼感覺，但是到了現在這個歲數，就會覺得人生沒有那麼長。

我是在三十二歲獨立創業的，至今已過了十八年。回想這十八年的種種，就覺得十年能做到的事真的沒那麼多。

所以，我深深認為要珍惜接下來的十年，好好生活。

▼終極一問：決定「要做的事」與「戒掉的事」

我當然打算在職場工作到一百歲，不過我還是覺得五十幾歲的這個十年非常珍貴。

因為重要的十年沒辦法再重來一次，我想在這期間做完所有想做的事。

這時，我會捫心自問：

「如果只剩十年可以活，你想做什麼？」

接著把正在做的事，一件件拿來反問自己：

「如果只剩十年可以活，你真的還想繼續做這件事嗎？還是不想再做這件事？」

真正需要的事情是什麼？

不需要的事情是什麼？

釐清這些後重新審視自己運用時間的方式，人生就會產生劇烈的不同。

現在就該戒掉的「五種浪費時間」

為了讓你在思考「要戒掉的事有哪些」時可以更省事，介紹能當作參考的五個類別。

歸在這些類別下的事，可以毫無疑問地積極戒掉它。

說不定能因此讓你在一天內騰出三小時，甚至多達五小時的自由時間。請運用這個方法幫自己空出專為最好的時光準備的兩小時。

①懶得改變才持續到現在，其實戒掉也沒問題的事。

②想給別人好印象才做的事。

③因為不安才做的事。

④自己無法掌控的事。

⑤無法累積經驗的事。

或許你不覺得以上五件事是明顯沒意義的。

不過事實上，這些都是應該戒掉的事。

▼光戒掉這個就能增加時間

①懶得改變才持續到現在，其實戒掉也沒問題的事。

沒有思考過需不需要，只是因為懶得改變才持續做的事意外地多。

戒掉這些事情之後，心情會舒暢很多。

你會輕鬆到驚訝不已，想著：「我一直以來都花時間在這種事情上，刻意讓自己被壓力纏身嗎？」

舉例來說，某間公司規定用電子郵件寄發會議紀錄之前，必須先得到上司的核准。

某次試著跳過核准就寄發會議紀錄後，完全沒發生任何問題，規定也因此改掉了。畢竟寄發會議紀錄是例行公事，改掉規定也省去許多時間與勞力。

另外，某個我認識的高階主管也取消了前任主管流傳下來的「早會」。取消之後不但沒有影響到工作，在部屬之間也廣受好評。早會不只是幾十分鐘的會議，把準備時間也算在內的話，省下來的時間相當可觀。

還有其他例子，像是整理會議用不到的數據、製作監察時不會看的資料、整理名片、層層蓋章、發送月曆等，**取消之後毫無問題的事情太多了**。

另外，私底下也有很多人即使不寄新年賀卡、不大掃除、不申請家用電話也沒問題。我認識的人裡面也有「不折衣服」的人。

現在在做的事真的有必要嗎？

仔細檢查並驗證後，戒掉沒有效益的事情。

②想給別人好印象才做的事。

以前有人表示想舉辦清掃街道的活動。

於是我問他：

「如果沒有人知道清掃街道的人是你，你還想做嗎？」

他立刻回答：

「沒人知道的話我才不做！」

換句話說，他舉辦活動的目的是「想得到他人的認同」。

我非常不建議去做那些想給別人好印象才做的事。

「想得到別人稱讚」、「想得到他人認同」，以這種動機開始的行為都不是什麼好事。

因為想讓別人覺得自己很有能力，所以製作資料時莫名講究，但得到的反應卻意外地沒有很好。

想讓別人覺得自己在做好事，所以舉辦慈善活動，這樣也不會得到好名聲，結果自己也不滿意。

就算想讓別人覺得自己很厲害而考取證照，也只是淪為證照收集者罷了。

為什麼會造成這種結果呢？因為缺乏了考量他人需求的看法。

優先做自己認為的好事，並無法為他人貢獻什麼，自然無法得到對方的認同。

再者，把自我評價交由他人決定的人，無論過多久都不會幸福。

③因為不安才做的事。

我參加某個研討會的時候，有聽眾把簡報畫面一張張拍下來。

之後聊天時，他笑著跟我說：「我從來沒有重新看過拍下來的簡報照片。」

像這種**「以防萬一」、「為了某天」、「因為不安」才採取的行動，基本上沒什麼意義**。

其他還包括：

・因為不安所以考證照。

・因為不安所以留下所有資料。
・因為不安所以參加應酬。
・因為不安所以結婚。

這些行為都不會帶來什麼好結果。

考慮任何事情時都把規避風險作為第一考量的話，人生就會變得窒礙難行。

對工作的態度與標準也會從「一心努力讓事情成功」，變成「失敗時不用負任何責任」。

可是**大多數的人不會發現自己是因為不安才在做這些事**。

請務必捫心自問一次。

你現在做的這件事，是不是因為不安呢？

還是因為打從心底想做才做的呢？

④自己無法掌控的事。

我遇過很多次電車停駛而被迫等待的經驗。

這時候最沒有意義的就是在意：「什麼時候才復駛？」

擔心自己無法掌控的事情沒有任何意義。

以我而言，這時候我會立刻走進咖啡廳埋頭處理工作，因為通常約一、兩個小時後電車就會復駛，這時候就可以像是什麼都沒發生過一樣，繼續移動前往目的地。

為了把時間花在有意義的事情上，要專注在「自己可以掌控的事情」。

如果你是業務，最後要不要買產品都是客戶的決定，我們無法掌控這件事。所以做好業務該做的事情後，剩下的就交給客戶吧。

另外，一般員工也無法掌控併購等公司的經營方向。股價或經濟動向更是無法掌控。

天氣亦然，不能隨我們高興就降雨或下雪。偶爾會遇見下雨就沮喪的人，但是下雨根本不是你的錯。

太在意其他國家發生的慘事，花太多時間在上面也不是好事。看到網路新聞後自己也變得悲傷，這些反應都只是在浪費時間。

爽快地放開這些無法掌控的事，專心在自己現在做得到的事情上吧。

我當然不是在勸你不要關心公司的經營方向或社會問題。

找出做得到的事情，像是把期望告訴上司，或是捐錢給有困難的人等。

當你專心在自己做得到的事情上，影響範圍就會越來越擴大。

⑤無法累積經驗的事。

第五種難度比較高，所以請先考慮消除其他四種浪費時間的事。**無法累積經驗的事情中，最具代表的就是只為了賺錢去做的事。**

例如有一點時間，卻用在不甘不願的打工上。這樣做雖然能拿到一些錢，但是除了錢之外，對之後的人生卻沒有任何助益。希望大家盡可能減少這種事情。

還有其他，像是上司指派下來卻沒有意義的工作、因為身邊人都在用所以沒想太多也跟著用的社群媒體、雖然沒興趣但陪別人一起參加的地區活動等，說實話這些事情或許都要避免比較好。

要做的話建議選擇可以累積經驗、成為自己資產的那些事情。

比方說撰寫部落格等文章創作，便能慢慢累積為自己的作品。此外，就算是打工，如果你覺得是有意義的工作，就能磨練自己的技能或是累積經驗。

希望大家放棄那些無法成長的工作，把時間花在有意義的事上。

請看看身邊有沒有本章節介紹的「該戒掉的五種時間浪費」。想必你會發現自己在做的事情中，很多都是沒有必要的。

大膽減少這些事對你有好處。

現在應該立刻戒掉的五種時間浪費

1
懶得改變才持續到現在，其實戒掉也沒問題的事

・整理用不到的資料。
・照慣例蓋章等。

2
想給別人好印象才做的事

・設計太過講究的資料。
・沒任何用處的證照等。

3
因為不安才做的事

・整理不需要的書面資料。
・應酬餐會等。

4
自己無法掌控的事

・擔心天氣。
・看經濟新聞一喜一憂等。

5
無法累積經驗的事

・沒有特別想法而用的社群平台。
・跟未來的工作絕對無關的打工等。

增加時間的四個步驟

下一步，該怎麼自然地戒掉這些浪費呢？接著介紹戒掉它們的步驟。

▼排除人生中的「浪費」

步驟一：寫出所有正在做的事。

拿著筆記本跟筆，窩在咖啡廳試著寫出自己正在做的事情後，會有許多新發現。

不但會發現自己正在做超乎預料無謂的事，也發現正在做比想像中更辛苦的工作。

舉例來說，有人藉此發現自己花了很多時間在跟人協調，也有人發現自己為了幫作息時間不同的家人準備餐點，犧牲掉許多時間。

我則是很訝異自己思考的時間居然這麼長。

寫出這些事項來客觀地觀察自己，就會發現非常多事。

步驟二：找出感覺可以戒掉的事。

觀察步驟一寫下的事項，可以發現好幾件無用之事，還能看到其中有好幾件可以立刻戒掉的事。

拿先前介紹的五種類別比對之後，也會有很多新發現。

為了讓大家更容易找出這些無用之事，我準備了幾個問題。

- **如果你沒在做這件事，現在會想開始做嗎？**
- **如果你住在無人島也會繼續做這件事嗎？**
- **如果你有十億日圓還會繼續做這件事嗎？**

・如果你只剩十年可以活，會繼續做這件事嗎？
・如果八十歲的你回到過去給你建議，會叫你戒掉什麼？

透過想像這種極端的狀況，確認自己的心意究竟為何。

步驟三：試著放棄。

「我真的需要每天化妝嗎？」有人突然有了這個想法，因此試著戒掉這個習慣後發現，即使沒化妝也完全沒關係。

還有人減少打掃或買東西的次數，也沒有發生什麼問題。

嘗試不再做某件事之後，沒發生什麼問題的話，就能直接戒掉。

如果發生問題，再開始做就好。

即使是跟人有關的事情，大多數都是戒掉也沒有任何問題的事。

也有人改掉淪為形式的每日工作報表。

原本以為上司會有意見，卻沒有特別被講什麼，順利改用口頭報告來代替每日工作報表。

我也戒掉了蓋印章這件事。我在寄送請款單給某間大公司時，對方要求蓋電子印章，我在沒蓋印的狀態下就寄出去了。

電子印章說實話只是用紅字寫下名字，然後畫圈圈起來的圖片而已。

這種圖片網路上比比皆是，絲毫不具確認身分的意義。

請款的金額並不大，我在寄出沒有印章的請款單時多註明了一句：「無論如何請款單上都需要電子印章的話，這筆款項就不向您請款了。」

結果費用好好地在月底匯進帳戶。

所以少了印章也沒問題。

話說回來，也沒有任何一條法律規定一定得蓋章。

步驟四：下次開始不再答應。

已經承接的工作，有時也會想在中途推給別人做。

以前朋友拜託我「跟他一起賣領帶」，答應之後卻發現一條領帶都賣不出去。

如果是辦座談會或演講的話，就算辛苦也會花心思努力辦好，但是賣領帶就一點幹勁都擠不出來。

那時，我藉由確認自己的心情，發現我的幹勁只在跟個人成長相關的事情上出現。

所以幫忙賣領帶這件事，就在告一段落的時候結束了。

從那之後，我決定只承接跟個人成長有關的工作。

遇到類似的情況時，只要把別人拜託你的事好好完成，下次不再答應對方就好。

如果做得不情不願，或是拖拖拉拉地繼續，不但會失去對方的信任，也會讓自己長時間處在不舒服的狀態裡。

或許做起來很辛苦，但是為了完成自己想做的事、為了贏得對方的信任，也要俐落地完成。

排除浪費的四步驟

步驟一

寫出所有正在做的事

・做資料。
・社群媒體。
・餐會等。

步驟二

找出感覺可以戒掉的事

小撇步
・如果你住在無人島上也會繼續做這件事嗎？
・如果你只剩十年可以活，還是會繼續做這件事嗎？
・如果你有十億日圓還是會繼續做這件事嗎？

步驟三

試著放棄

・試著放棄郵寄改成 PDF。
・試著一天不化妝等。

步驟四

下次開始不再答應

做得不情不願、拖拖拉拉，
反而會失去信任！

從「壓力大的事」開始戒

話雖如此，有些事情就是無法馬上戒掉。

我推薦依壓力大小順序，一一戒掉。

戒掉壓力大的事情後，即刻會減輕心理的負擔。

就算是十分鐘能解決的事，也有可能把「好討厭」的心情留在心裡兩、三小時，所以戒掉之後便能神清氣爽。

況且每戒掉一件事，都會訝異自己換來很多自由。

▼用壓力大小而非時間長短來衡量

像我就覺得「擦鞋」是件壓力很大的事，明明不會花多少時間，就算只有十分鐘，心情也會莫名感到很沉重。

遇到明天要出門一定得擦鞋的時候，我還曾經不知為何看了一、兩個小時的電視，東摸西摸逃避。明明只要開始動作很快就能擦完，卻遲遲不想動手。而且因為太在意這件事，連工作都不想做。

不過，現在有很多地方都提供擦鞋服務，當我要擦鞋時就會花錢請人幫忙。

此外，我喜歡用葉片式煤油暖氣機，但是買煤油對我來說壓力很大。晚上煤油耗盡後，必須在寒冷的天氣全身發抖地走去買煤油，真的很痛苦。

可是，這件事也在找到煤油宅配服務後解決了。

我發現當我不用再在意這些事情後，也成功擺脫那些沉重的壓力，變得自由自在，每天過得很快活。

我也很厭惡上班族時期做的那些請款、管理固定資產等細瑣工作。還有，每天搭通勤電車也非常痛苦。

辭職後獨立創業，不用再做這些事的心情實在太棒，也讓我再次感覺自己原來一直處在這麼大的壓力下。

戒掉十分鐘的無謂之事，就可以減少讓自己備感壓力的時間。

我透過戒掉不用做也無妨的事情，換來更多的自由時間。再把這些換來的時間變成「最好的時光」。

因為我運用這些時間感受充實的每一天，一步步累積了實現理想人生所需要的經驗與能力。

第3章

了解「什麼才能滿足自己」

用微小幸福填滿每一天

泡一杯咖啡，閱讀喜歡的小說，這是我每天的習慣。被新鮮咖啡豆香圍繞，邊讀著小說是最棒的享受。

我越來越覺得在日常生活中感受這種「微小幸福」是最珍貴的事。雖然自己創業開公司、出書、還舉辦大型演講，但這種龐大的成就感，一年只會出現幾次。

如果剩下的三百多個日子都感到空虛的話，就算做成一件大事，依然會覺得不幸福。

要變得幸福，最好的方法就是用微小幸福填滿每一天。

正如上一章提過，戒掉不做也無所謂的事後，就能獲得超乎想像的時間。

只要把自己喜歡的事拿來填滿一天當中的兩小時就好，擁有最好的時光之後，每天都能活得很幸福。

雖然這個做法非常簡單，不過做不到的人很多。因為他們不知道哪些事情可以讓自己幸福。

我可以拿過去的經驗證實這句話。以前我曾經被問過這個問題：

「今井先生不買遊艇嗎？」

這個太突然的提問讓我摸不著頭緒，而對方似乎是因為印象中「有錢人都會買遊艇」，才問我這個問題（雖然我也不是那麼有錢）。

我反問他：

「假如你變得很有錢，你會買遊艇嗎？」

他的回答是：

「嗯～～我應該不會買。」

即使我很有錢，我也不會去買遊艇。
喜歡遊艇的人會買，沒興趣的人不會買。
這跟有沒有錢沒關係。

「每天應該都會去高級餐廳用餐吧。」
「應該搭超多豪華名車吧。」
「可以搭私人飛機真好。」

我的確也曾羨慕過有錢人。

可是仔細冷靜想想，發現自己對遊艇沒興趣，每天吃高級餐廳也會膩，更不需要豪華名車或私人飛機。

▼找出專屬自己的「最棒」

美國傳奇歌手麥可．傑克森有一座專屬的遊樂園。聽到這件事的時候雖然覺得很厲害，不過實際上不可能三百六十五天都在裡面玩，若有人問我：「你想要專屬的遊樂園嗎？」我不想要。

其他像是聽到「用被動收入生活，一輩子都不用工作」時，或許會覺得很羨慕，但是過這種生活的人少之又少。

我認識兩位出生於富裕家庭、不工作也沒關係的人，可是他們不但沒有悠閒度日，還投入各種工作。可能是因為「什麼都不做」實在太無聊了。

此外，我也認識透過投資賺到幾億的人，他在什麼都不做的期間罹患了憂鬱症。

說到頭來，我覺得什麼都不做就能幸福生活的狀態只是幻想。**真正能讓自己幸福的，不是閃閃發光的璀璨生活，找到「屬於自己的最棒」才是唯一解方。換個說法就是，找到屬於自己的成功。**

如果你想幸福生活，一定要找出「真正」想要的事物。

自己意外地不了解自己

即使告訴大家「想變幸福，必須知道屬於自己的幸福是什麼」，應該會有人回答「不用你說我也知道」，還會有人說「可是難就難在這裡啊」。

沒錯，大家都懂的道理意外是個難題，回答不出來的人還比較多。

畢竟我們看不見自己的內心，出生時也沒有附上設計圖或說明書。

大部分的幸福無法在普通的生活過程中找到。

原因很簡單，**因為我們不會在日常生活中客觀地觀察名為「自己」的存在**。

▼列表後就能看到答案

然而，明白幸福是什麼雖然是難題，但屬於自己的幸福卻意外好找。縱然沒有設計圖或說明書，我們也可以感覺自己的「內心反應」。

方法很簡單。

盡可能列舉自己喜歡的事物，再製作讓自己幸福的事物一覽表就好，藉此重新觀察自己，確認內心的反應。

細節會在下段內容一一說明。

製作讓自己幸福的事物一覽表

我喜歡泡三溫暖。
也喜歡水蜜桃。
還喜歡咖啡。
所以我也喜歡咖啡廳。
光是上午在咖啡廳工作，就讓我覺得舒適。
工作有進度的話會更開心。

如同上述，重新寫出自己喜歡的事物之後，就會察覺各種新發現。
你會發現「啊，我也喜歡那個」、「這個也很有趣」。

・看到夏天的浮雲心情會很愉快。
・折衣服時心情很好。
・喜歡沙發上的靠枕。

當你開始發現這些小事，幸福就不再是難題。因為你可以有意識地增加讓自己幸福的時間。

寫到這裡，也讓我想起我非常喜歡以前某家甜甜圈專賣店送的咖啡杯贈品，重量剛剛好。

我喜歡到還特地上網搜尋，在拍賣網站買了另一個一模一樣的杯子。雖然杯子的價格才幾百日圓，但是每次用它喝咖啡都好幸福。

製作讓自己幸福的事物一覽表，就可以離幸福更近一步，因為你開始明白幸福是什麼。

而那些事物將造就「最好的時光」。

▼製表的訣竅

製作一覽表也有祕訣。
訣竅就在於以這三個類別來思考：

①**輕鬆就能做到的事**。
②**努力一點就能做到的事**。
③**異想天開的事**。

用這三類來思考，不但可以重新找出日常的小幸福，也可以毫無顧慮地寫下常規之外的遠大夢想。

①輕鬆就能做到的事。

・洗三溫暖。
・吃水蜜桃。
・點香氛。
・喝花草茶。
・泡澡。
・做指甲。
・按摩。
・看電影。
・聚餐。
・吃炸豬排。
・寫部落格。
・聽客戶的煩惱。

諸如此類的事都屬於日常生活中馬上能做到的。

只要你想要，馬上就做得到的簡單小幸福。

假若連這小幸福都想不到，就從「喜歡的食物」開始思考吧。相信大多數的人都回答得出來。

思考喜歡的食物時，大家應該會想起以前吃過的美味餐點，並想像它的味道。

想必「好好吃」的心情也正在內心重現，這就是在內心找到答案的狀態。

簡單來說，這就是你的人生軸。不要用大腦思考，用內心感受。

這種感覺，在列舉食物之外的事物時也十分重要。

就像「啊～～泡溫泉真的很舒服」、「看動作電影真的很暢快」，要在感受心情的同時製作一覽表。

②努力一點就能做到的事。

這類**屬於多少有些負擔，不過還是做得到的事。**

以我來說會想到這些事情。

- 溫泉旅行。
- 到夏威夷旅行。
- 在健身房上教練課。
- 買件好大衣。
- 參加全程馬拉松。
- 跳傘。
- 參加單簧管表演。
- 出書。
- 在大型會場辦講座。

我是因為興趣才學單簧管，若要在別人面前表演必須大量練習，所以我把它歸在這一類。

③異想天開的事。

列舉如果實現的話會超級開心的事吧。

在這個類別中請忘掉所有拘束，自由妄想。

・蓋棟價值十億日圓的大豪宅。
・在職棒球賽開球。
・演出好萊塢電影。
・寫出大賣一千萬本的暢銷書。
・把大阪的新幹線車站從新大阪搬到梅田。
・世界和平。

試著用這三種類別來分類後，會出乎意料地想出驚人的大事。因為跟做不做得到無關，更能放鬆地寫下來。

越了解自己的欲望，變幸福的路就會越輕鬆。

列出「讓自己幸福的事物」一覽表

①輕鬆就能做到的事

〔舉例〕洗三溫暖、點香氛、看電影等。

②努力一點就能做到的事

〔舉例〕到夏威夷旅行、跳傘、買件好大衣等。

③異想天開的事

〔舉例〕寫出大賣千萬本的暢銷書、在職棒球賽上開球等。

依感覺到的情緒來行動

「幸福」雖然只是一句話，但也分成許多種類。

・泡進浴缸裡「啊～～好幸福」。
・運動之後「超舒暢」。
・喝了酒「很開心」。
・唱卡拉ＯＫ「超爽快」。
・做完工作「太棒了」。

明白幸福的種類有哪些，製作讓自己幸福的事物一覽表時會變得更容易。

因為你會更輕易發現日常生活中出現的幸福。

人類是一種不斷感受同一種情緒後就會厭煩的生物。泡澡泡久一點會累，啤酒最好喝的是第一杯。我認識好幾個退休的人，他們說退休後放鬆自在的時間大約只有前半年。

我也會在旅行途中漸漸感到滿足，然後開始想工作。**所以若想變幸福，最好去感受各種情緒。**最理想的情況是一天內感受多種情緒。

▼幸福的三種類

仔細分類的話，幸福的種類可是多到數不清。

大致上分類成這三種會更好理解。

①成就感。

②情感交流。

③放鬆。

試著把讓自己幸福的事物一覽表套用在這三種類裡，就會知道自己的幸福取向。

另外，經由思考「感受到成就感的情況有哪些？」等問題，會容易回想起幸福的瞬間。

接下來說明這三種幸福情緒的意義。

①成就感。

屬於完成工作、健身結束時、或是遊戲破關等，**完成某件事後感受到的情緒**。

之前曾提到我有幾個朋友家中資產驚人，不需要為錢工作，但是他們並未因此遊戲人間，反而經商或當志工。

人類若想幸福生活，果然還是需要做些什麼來得到成就感才行。

之後會再補充不只可以從大工作中得到成就感，小作業也可以。

②情感交流。

這是跟家人在一起、抱小孩或孫子、跟朋友一起玩、和同事或好友一起吃飯喝酒等，**與人交流時感受到的情緒**。

對我來說，跟客戶對話的時候也可以感覺到這個情緒，所以我在工作時也能感受到情感交流。

③放鬆。

放鬆屬於泡澡時、到公園散步感覺到的幸福。也有人會在看電影、聽音樂、喝酒時感受到。

重要的是維持這三種幸福的均衡。

縱使錢多到一生玩樂也不用發愁，但如果不做些什麼來感受成就感，或許會覺得生活中少了什麼。

即使做網路生意或股票當沖賺了大錢，獲得極大的成就感，不過總是一個人窩在螢幕前，感受不到情感交流，或許會因此覺得空虛。

跟好友在一起可能很開心，

幸福的三種類
❶成就感
・遊戲破關。
・健身等。
❷情感交流
・跟小孩在一起。
・跟好友用餐等。
❸放鬆
・泡澡悠閒。
・聽喜歡的音樂等。

但同時還是想要自己一個人放鬆的時間。

考慮這三種幸福的均衡情況，營造兩小時最好的時光，就可以輕鬆過著幸福的人生。

「幸福」與「一時快樂」的差異

世上有個容易跟幸福混淆的東西，就是「**一時的快樂**」。

人類在沒事做很無聊的時候，誇張點來說，感覺人生無聊的時候，就會想獲得輕鬆快捷的一時快樂。

例如聽說很多人在玩遊戲、看電視、看網路影片的時候都是當下覺得開心，事後則感到毫無收穫，有人還嚴重到因而產生罪惡感。

不過這種事情很容易上癮，讓人忍不住一做再做。

有個簡單的方法可以分辨「幸福」與「一時的快樂」。那就是問自己：

「你喜歡做這件事的自己嗎？」

玩遊戲的時候雖然很開心，但是你真的喜歡玩遊戲的自己嗎？

如果答案是不喜歡，最好重新審視自己運用時間的方式。

相反地，如果你喜歡玩遊戲的自己，這件事就跟充實感有關，繼續玩也沒有問題。

像我還在讀小學的時候，「紅白機」風潮正流行。我花了好幾個小時專注在遊戲上，但那段經驗是非常好的回憶。

我也曾有段時期會在搭電車時玩益智遊戲，但想起來覺得自己在虛度光陰。

▼兼顧喜歡的事與喜歡的自己

如果不喜歡做某件事的自己，做再多只是空虛。繼續做只會讓無聊的人生繼續下去，戒掉才是上上之策。

可是，戒掉這件事之後，可能會因為無所事事而痛苦。

因此，**最棒的方法就是替換成符合「喜歡做這件事，也喜歡做這件事的自己」的條件**。

例如可以戒掉遊戲，改成看電影。

如果喜歡看電影，加上也喜歡看電影的自己，看電影的時間就會變得非常有意義。

即使同屬休閒活動，必定會有一種活動會讓你覺得喜歡做這件事的自己，只要刻意去選那種活動來做就好。

以我來說，我喜歡吹單簧管，也喜歡吹單簧管的自己。在吹單簧管的時候感覺到「我會吹這段了」的喜悅，也會在練習結束後覺得「今天也練習的我真棒」。

兼顧喜歡的事跟喜歡的自己，就可以一直維持好心情。

可是，也會出現討厭做這件事，卻喜歡做這件事的自己的情況。

比方說有人覺得撿垃圾很麻煩，可是又覺得以撿垃圾的自己為傲。

這時候可以花點心思讓自己樂於享受這件事就好，比方說呼朋引伴一起撿垃圾等。

擁有一百億也要吃佃煮海苔醬

假設我創業大成功，累積了一百億日圓的資產。

那時候的我，想必依舊想吃會讓我很幸福的佃煮海苔醬，也會繼續跑步。

不可能因為有錢所以改吃魚子醬、不吃佃煮海苔醬，或是找別人來幫自己跑步。

這些事情不會因為有沒有錢而改變。

也就是說，**我在吃佃煮海苔醬或是跑步的時候，人生就已經很成功了**。

所以，我總是在跑步的時候覺得自己很幸福。

▼實際感覺自己「已經很成功了」

很多人都想著要成功之後才能幸福。換句話說，他們覺得自己活得並不成功。

可是，這並非事實。

做著喜歡的事情的你，已經很成功了。

即使不是有錢人，也不是名人，你在做喜歡的事的那段時間應該很幸福。

簡單來說，看喜歡的電影兩小時、跟喜歡的好友一起喝酒的兩小時，都意味著你已經成功了。

請注意，無論再成功都想做這些事情的話，現在就在做這些事的你，等於已經成功了。

一天只有二十四小時，包含睡覺時間的話，我覺得大部分的人在人生中的一半已經過得非常成功了。成功，其實意外是件小事。

因此，從今天起請盡情以「幸福的成功人士」的身分享受人生吧。

第4章

規畫每一天的幸福行程表

不先吃甜點的原因

為了讓自己用最棒的心情度過每一天，我們終於講到重頭戲。從這章開始總算要來談行程規畫了。

上一章請各位寫出讓自己幸福的事物一覽表，現在則是到了思考如何排列順序，才可以讓一天、一週，甚至一年變成最棒的時光。還要思考該把兩小時最好的時光安排在什麼時候。

舉例來說，大家到餐廳或居酒屋吃飯時，很少有人會突然從甜點開始吃。

甜點就是放在最後吃才會覺得滿足。

就連吃同樣的餐點，改變配料的食用順序也會影響整體的滿意度。

我前天到烤肉店用餐時，因為最後不小心烤了牛小排，結果油膩得吃不下。

如同吃飯時的順序很重要，想充實過每一天，做事的順序也相當重要。

▼每天的幸福會因順序大大不同

行程排得很差，沒辦法愉快生活。

平常都已經按捺住「想休息」的心情，不甘願地工作了，難得的假日還繃緊神經想著「一定要做那個」，然後渾渾噩噩度過——這種狀況很令人厭煩吧？不管是上班日還是休息日都令人心情超差。

相對地，如果把行程安排得妙不可言，就可以充實度過每一刻。

平日用「做事囉！」的心情專心工作，休息日就可以完全充電恢復，隔天上班又能精神飽滿地做事。若是能進入這種狀態就太棒了。

縱然做的事情一樣，只是規畫行程的方法不同，就會出現極大差異。

本章將解說安排行程表的精髓。

如何賦予時間意義

在規畫行程的時候，不要突然決定做什麼，請先想像這一週、這一天，你想怎麼度過。

- 想悠閒放鬆？
- 想埋頭苦幹把工作做完嗎？
- 想學什麼新事物嗎？

也就是決定好「**主題**」。

在思考每一個行程之前，都從想像整體的狀況開始。「這週的主題要選哪個呢？」、「今天的主題是什麼呢？」這樣一來比較容易決定好一週或一天的流程。

▼決定好「主題」就能萬事順利

以下試舉幾個主題的範例供大家參考。

- 創造新事物的一週。
- 把事情完成的一週。
- 趕進度的一週。
- 完成專案準備的一週。
- 學習的一週。
- 期待與人相遇的一週。
- 構思企畫的一天。

・做完資料的一天。
・處理好雜事的一天。
・推動專案進度的一天。
・盡情玩樂的一天。
・好好休息讓自己休養的一天。

主題會賦予一週或一天意義。比起只是在做事更有意義，也容易覺得充實。

另外，還能有效專心在順應主題的工作上。

相反地，若沒有決定好主題，或許會導致各種工作都只做了一點，然後覺得「我今天到底做了什麼」，很難得到成就感。

度過最棒的一天只需要兩件事

想度過最棒的一天，需要安排非常緊湊的行程嗎？不用，完全不需要。

度過最棒的一天其實很簡單，我們需要的只有兩件事：

「獎勵」與「完成工作」。

關鍵在於這兩樣必須同時存在、缺一不可。

只有工作會太無聊，但一直玩樂又會開始在意工作。

完成應該要做的事情後，全心全意地投入預先設定為獎勵的事情，心情會非常暢快。

獎勵只要有兩小時足矣，就是最好的時光。

請安排會讓人心情好的行程。

▼滿足感跟充實感倍增

若心不在焉地完成眼前的工作，再渾渾噩噩地度過夜晚或假日，即使做的事情沒變，也無法感覺滿足或充實。

不過，**只要稍加改變行程，就能增加工作上的專注力，喜悅還能多好幾倍**。

關於「獎勵」與「完成工作」，就讓我在這邊稍微仔細解說一下吧。

把獎勵排進計畫中

我有個喜歡動畫的朋友，以前有段時期非常努力工作。

因為覺得他拚得很不可思議，所以問了原由，他告訴我：「我喜歡的配音員在週五有表演，我想在表演前把工作做完，就能放心參加活動了。」

這正是**獎勵的力量**。只要有這個力量，人就能繼續努力。

請好好獎勵自己，像是「做完這份資料就去喝一杯」、「有點麻煩的行政工作結束後，來吃甜點跟咖啡吧」等。

這正是感覺最好的時光的瞬間。

讓自己幸福的事物一覽表裡的項目越多，獎勵的種類變化就會更多，可以毫不嫌膩地開心過每一天。

獎勵內容不需要太浮誇。

讀小學的時候，上午的課表裡有二十分鐘的下課休息時間。

我還記得那時候都把那段時間用在打躲避球。

雖然只有二十分鐘，但真的很開心又痛快，也因此可以專心上課。

盡情享受獎勵的程度，可以依據自己有沒有滿足到興起「好，繼續加油」的念頭來判斷。

換句話說，獎勵的好壞不是用時間長短來決定，也並非旅遊或到高級餐廳用餐之類單純需要花錢的東西。

不管是兩小時，還是二十分鐘，只要能讓自己興起「好，繼續加油」的念頭，就是好獎勵。

安排行程的訣竅，就是先把預定的獎勵排進行程中。因為想到「去那間店吃午餐吧」，上午就能繼續努力；因為想到「晚上來看足球賽吧」，就能增加下午的專注力。只要週末有自己很期待又只有兩小時的計畫，這一週的心情就會變得很興奮。

先決定好獎勵之後，就可以用「為了那個獎賞努力」、「在那之前讓工作告一段落」的動力來工作。

相對地，如果不先把獎勵放進行程裡，日常生活就會一步步被工作占領。光想著「等工作告一段落再來看電影吧」的話，不管過多久都無法成真。

以我的經驗來說，即使拖拖拉拉地長時間工作，最後工作量只會變多而已。

早知如此，不如從一開始就先把獎勵安排進行程。

某個創業的朋友在繁忙的時候，從起床到睡前都在工作，結果因為太辛苦而漸漸做不下去。不幫自己安排除了工作之外的時間，只會讓效率變得更差。

▼讓一整年開心好幾倍的方法

關於獎勵，我有件每年都會做的事，就是事先查好今年即將上映的電影有哪些。

電影的上映時期很早就會決定好，只要搜尋立刻就能找到。找出自己喜歡的系列電影續作，或是知名導演新作的上映時期，寫下這些上映時間，**把它當成預定的獎勵**。

這樣一來，就能**從好幾個月前開始興奮期待獎賞的來臨**，這個方法很推薦給喜歡電影的人。

其他像是預計舉辦的演唱會、戲劇或美術展，還有奧運或世界盃等活動，也都會早早決定好舉辦日期。新設施的開幕日期也會提早公布，所以很好排進預定行程中。

另外，出國旅遊或參加大型活動的安排，最好也要早點計畫。飯店或機票等如果不早點預約可能會客滿，出發前不久才預約的話價格也會變高。我通常會在至少三個月前預約，因此大概都從半年前就開始規畫行程。

像這樣**幫自己決定好一整年的預定獎勵後，即使是大規模的專案也可以繼續努力奮鬥**。

決定好一項要完成的工作

下一步要思考的是「**完成工作**」。

在事先決定好的獎勵來臨前，想完成的重要工作是什麼呢？也就是先決定好，「只要做完這個就可以去玩」的工作。

我的建議是只選一項工作。

當然有時候手上會出現五、六件小工作。

即使如此，還是推薦從中選擇足以讓你心想「只要做完這件事就太棒了」的事情。

試著實踐就能親自體會，**比起同時進行五件工作都只做到一半，不如先把一項工作做完，感受到的成就感比較強烈。**

很多人每天感受不到成就感的原因，就在於不清楚「今天要做完哪件事」。

- 完成資料。
- 準備活動。
- 接訂單增加營業額。

例如上述的工作，具體選出一項完成會很開心的工作。

接著以那項工作為主，安排一天或一週的行程。

雖然不是要大家絕對不要做其他工作，但是把氣力集中在一件事情上專心處理，就可以乾脆地結束，感受成就感。

用「獎勵」和「完成工作」幸福每一天

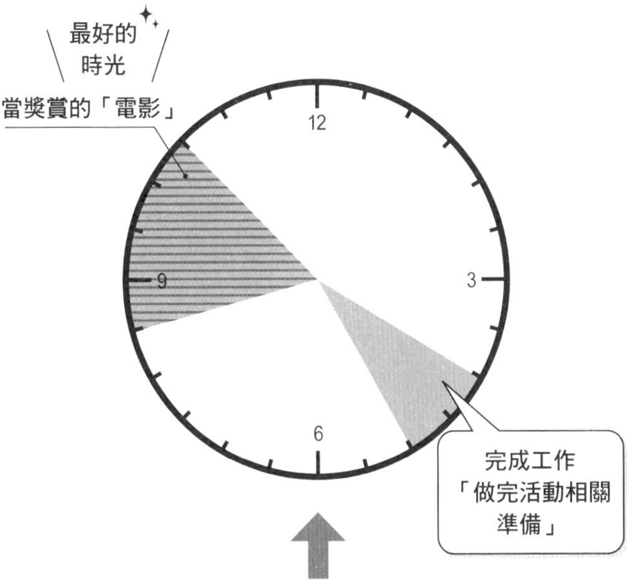

事先將「獎勵」和「完成工作」
安排在一天的行程中

重點

- 獎勵不需要是花錢或花時間的事情。
  重點在於自己是否興起「好，繼續加油」的念頭。

- 完成的工作「只要一項」就好。

▼決定好就能更快收工

有個需要事先決定好的重要事項。

就是：**完成哪件事之後，這項工作就算結束呢？**

簡單來說就是工作的成果證據。

出社會大概三年的我，工作速度始終很慢。

最主要的原因是，我沒有先確定成果證據是什麼就開始工作。

比方說上司要我做介紹部門提供哪些服務的資料，我不管三七二十一就去蒐集感覺用得上的資訊。因為找到的資料太多，光篩選就花了老半天。

然後思考接下來要怎麼統整，又為此花了一個小時。

絞盡腦汁都想不到好點子的我，於是打開公司的共用檔案。

結果發現驚人的事實。我必須寫的資料只有一頁中的少少幾行，大概幾百字的介紹文而已。

只需要寫這些的話，三十分鐘就能寫完。

因此我馬上做完這份工作，把資料用電子郵件傳給上司。

如果我從一開始就打開共用檔案，確認工作成果，就不用浪費半天時間了。

為了不讓自己也淪為這種下場，在規畫行程的時候，釐清工作成果細節非常重要。

單單思考「完成哪件事之後，這項工作就算完成呢？」或許就能幫自己省下三個小時。

假設是「製作企畫」，就要確認工作成果證據：

・要用A4紙做十頁的企畫書嗎？
・資料要統整在一張紙上嗎？
・用電子郵件寄出只有一句話的概念就好嗎？
・口頭說明企畫點子就好嗎？

確認這些細節。

之後用最快捷徑動手完成釐清後的成果證據，工作一下子就能結束。

釐清要做的事情，趕快把工作做完，讓自己感受成就感吧。

「待辦事項」越少越好

請各位決定一項要完成的工作是有緣故的。

因為多數人都想做完很多事，也因為這種想法而過得不充實。一天或一週內要完成的工作太多，反而讓自己抱著「今天事情也沒做完」的念頭睡覺。

一天做了三項工作，有人會怨嘆「今天只做了三項」，也有人高興「今天也做完了三項」。

差異就在於是否想讓自己完成「四項以上」的工作。

假如今天要完成的工作只有三件，那做完三項工作就算大功告成，可是若想完成超過四項的工作，就會變成沒做完。明明做的事情一樣，感受到的充實度卻截然不同。

如果原本只能做到三項工作，預定行程就應該只安排三樣才對。就算想著「不不不，得多做一點才行」，而幫自己安排四、五項工作，做不來的話也毫無意義。

安排做不到的行程，只會讓自己心情不好。

因此，規畫工作行程時請安排一天或一週內做得到的工作量。更具體來說，請減少「待辦事項」裡的項目。

工作做不完的大部分原因是計畫的野心太大，更應該說是太天真。因為根本就消化不了那個工作量。

以我為例，我一天只做一項需要鼓足幹勁去做的大型工作。超過這個數量大腦就會太累，無法專注。

▼依「緊急程度」減少待辦事項

減少待辦事項的訣竅，就是思考事情的「緊急程度」。

這週一定要完成的工作是哪項？

今天一定要完成的工作是哪項？

思考事情的緊急程度。

不急的工作，就是現在不做也沒關係的事。

工作做不完的人，會將大部分的工作歸類在「這週一定要完成的工作」裡。

曾經有自由業者把「翻新公司官網」，歸類在這週一定要完成的工作中。

我問他：「這個不用這週完成也可以吧？」他回答：「不行，一定要完成，因為我需要透過官網接案。」

接著說道：

「雖然我一直覺得一定要完成，可是已經花了三個月都沒做好。」

換句話說，現在不做這件事也沒關係。

一點都不急。

實際上，那個人即使沒有翻新公司官網，也好好接到新案子了。

請以這個標準幫自己挑選出「一定要完成的緊急工作」，你會發現工作量比想像中還要少。

你已經好好消化自己能做到的工作量。

這樣就夠了。

先決定好緊急的工作要在一天、一週內的什麼時候完成。

接著，你會看到行程表裡有許多空白的時間。

就用這些空白時間來處理沒有那麼緊急的工作吧。

這樣一來，不用現在完成也沒問題的工作也會有所進展，心情會非常好。

每天都能想著：「我今天也完成所有該做的事了！想做的事也有進度！」心滿意足地進入夢鄉。

規畫行程的時間要另外空出來

我每週都會空出約一小時的時間，來規畫下一週的行程計畫。

講到這點，偶爾會聽到有人反映：「時間用來規畫行程感覺很浪費。」

可是做過就會明白，**確實空出規畫行程的時間，整體效率會更好**。

如果沒有刻意空出這段時間——

「忘了問那個人必要資訊了，工作整晚都沒進展。」

「去那裡的時候如果可以把事情一起處理完就好了。」

「早上應該要洗衣服的。」

「餐會後得回辦公室做完資料才行。」

會出現諸如此類順序大亂的問題，造成時間上不必要的浪費。

只要確實空出規畫行程的時間，整體行程順序就會很順暢，並擁有高效率的一週或一天。

再加上，**若是規畫出感覺可以完成很多事的行程安排，也會更有幹勁**。請務必體會一下這種感受。

▼越忙越要騰出安排計畫的時間

說不定你第一次規畫一週的行程會耗費兩小時，我第一次規畫也花了這麼久。

可是就算耗費兩小時，為自己安排一週行程還是很值得。

據說美國傳奇保險業務員法蘭克・貝特格，把每週六早上八點到下午一點訂定為「自我管理日」，用來規畫自己一週的行程計畫。

他一開始實行的時候似乎也耗費了五個小時來規畫，漸漸習慣後，就把規畫行程的時間提前到週五早上。規畫行程就是如此值得花時間在上面。

越忙的時候越應該規畫行程。

相對地，工作不太忙的時候，就算行程順序有些混亂，也可以立刻彌補過來。

該做的事有很多的時候，或許會一步步打壞原有的計畫，所以最好謹慎細心地先規畫好。

早上成就感、下午情感交流、晚上放鬆

度過充實一天的人，每天的行程順序基本上是固定的。

也就是說，**每天從零開始思考行程實在太沒效率，也無法持續**。

聽說知名企業家總是穿一樣的衣服，因為光思考一件小事也會耗費腦力。

「今天要吃什麼？」

「要穿什麼衣服？」

即使只是思考幾分鐘，大腦也會為此耗力疲勞。

更別說從零思考一天、一週的行程，這些都很耗費腦力。

因此最好事先決定好一天大概的流程。

我喜歡的一天行程如下：

- **早上：獲得成就感。**
- **下午：感受情感交流。**
- **晚上：放鬆熟睡。**

如同在第三章介紹的，人類的幸福大致上可分成「成就感」、「情感交流」、「放鬆」三種。

一天照這個流程走，不但效率好，還可以感受到所有幸福。

▼讓效率與幸福度暴增的日常作息

清早到上午這段期間要明確決定好日常作息，完成該做的事。

以我而言，早上起床之後會整理東西十分鐘，接著學英文、撰寫及發送社群平台的貼文跟電子報，然後散步或跑步。

運動回來之後沖個澡，接著以九點開始做一項工作、十點半做另一項工作的感覺，在上午把需要專注力的工作分成各九十分鐘的兩個時段完成。

這兩個時段的概念就像「課表」。早上用來專注在工作上，如果沒有一日研討會等行程，基本上不會與人見面。

趁早上處理完該做的重要工作，讓自己感受成就感。

另一方面，下午的行程則十分彈性。

網路會議、外出等，會依據跟他人的約定而變動。

有時候會在傍晚左右去健身房，或是上單簧管課、參加夥伴舉辦的派對。

因為上午專注在工作上，下午就會想跟人說說話。所以我會安排一些可以跟人交流的行程。

雖然有時候早上的工作也會延續到下午，不過基本上我不會讓自己在下午太認真工作。

晚上盡可能不安排使情緒亢奮的工作，讓自己放鬆。大部分情況下我會利用這段時間享受「獎勵」。

就連有緊急工作，我也覺得隔天早起處理比晚上更好，更適合一整天的日常規律。

偶爾晚上會安排會議行程，但在開會之後我會慢慢泡個澡，再看喜歡的戲劇放鬆。

今井流！幸福度暴增的某一天

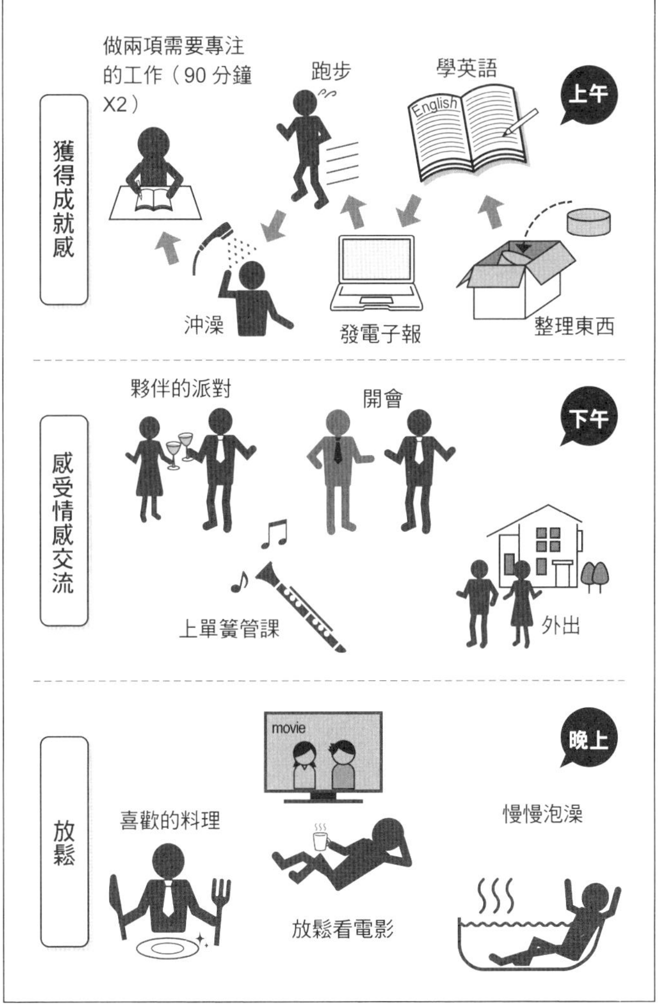

排出沒有壓力的行程表的訣竅

不知道你有沒有過這個經驗？一想到「今天內要完成那份資料」，就感覺心情沉重，根本無法動手工作。**因為想要一口氣完成，龐大的壓力才會找上門**。

另一方面，如果想著「只花三十分鐘做資料」，不管三七二十一就會想動手處理。每天做三十分鐘，便能大功告成。

想讓自己沒有壓力的工作，就是要規畫出每天只做三十分鐘或一小時的行程計畫。

絕對不要想著一天完成，改以「花五天完成」、「比較辛苦的工作就花兩週處理」等，從頭開始規畫。

▼關鍵在於收尾的時機

規畫行程的時候，記得在一開始決定好「**收尾日**」。從那天回推進度，不疾不徐地每天處理一點作業。收尾前的階段不需要耗費太多注意力，可以在大腦疲憊的下午時段進行，甚至在瑣碎的時間也能完成。如果只是構思的話，搭車移動時也可以做。

工作到厭煩，覺得做不下去的時候，就暫停手邊的工作也無妨。做了三十分鐘就厭煩的話，先暫停處理那份工作，換成別的。等到隔天大腦重新整理之後，再從昨天暫停的地方著手。

等到工作快要完成時，就進入最後的收尾階段。**收尾階段是最需要專注力的**。

我自己在幫研討會做資料或書籍原稿收尾的時候，有時會耗費整個上午外加下午兩個小時。

收尾的工作沒辦法一天做兩項，因為大腦會筋疲力竭到做不了其他事。

所以我總是盡可能**讓收尾的工作時間不跟其他工作重疊**。因為即使想做其他事，腦袋也轉不過來，只會讓行程往後延而已。

建議把收尾的工作留在最可以專注的時候處理。

若是晨型人就安排在最能專注的上午時段，避開傍晚或晚上等。

為了在可以專注的時間處理重要工作，盡可能把其他工作安排控制在沒有什麼壓力、也沒有負擔的程度。

妥善地「一心二用」

不拿手的工作，如果以「一心二用」的方式處理，做起來會意外地毫無壓力。

雖然常聽到一心多用沒好處，不過不太用到頭腦的工作，以一心二用來處理也完全沒問題。

舉例來說：

「經費核銷的收據堆在那裡，提不起勁輸入進電腦。」

「買了一堆線上影片卻不太想看。」

這時候邊看線上影片邊把收據的數字輸入進電腦，就是解決方法。

這樣一來兩邊都有進度，心情也會很好，而且不知為何也會沒什麼壓力。

我很常在排一週行程的時候，邊看歷史劇邊規畫。

即使排行程已經排得很習慣了，但是規畫行程真的很麻煩，我也覺得時間只花在這件事上有點可惜。

嘗試過各種組合之後，我發現排行程時不能看喜歡的戲劇，因為會太專心看劇。

另外，一部戲的重點在演員表情演技上的也不行，因為不看畫面就一點都不好看。

歷史劇光聽台詞就很有趣，清楚歷史內容的話就算不認真看也跟得上進度，跟排行程搭配起來剛剛好。我十分推薦。

▼用活動筋骨來醞釀點子

不用坐在桌前也可以處理的工作非常多。

像是只需要思考的工作，就沒有地點限制。散步、購物、搭乘交通工具、理髮、洗碗……無論在哪裡都可以進行。

想好點子再坐到桌前，就可以立刻動手作業，減少坐著喃喃自語「沒什麼靈感」的思考時間。

以我為例，如果是寫書的工作，我會盡快構思好企畫概要，再坐在電腦前試著打出目錄草案。

這時會陸續想到許多問題，例如：「這裡要怎麼寫比較好？」、「想介紹這個論點，不知道有沒有好例子」、「A跟B之間要用哪種架構銜接比較好呢？」

這時就算埋頭苦思也很難想出答案，所以我會讓自己做些別的事。

神奇的是，做完其他事就會突然想到答案。

像是去健身房鍛鍊、跑步，再泡三溫暖，最後在泡冷水的時候，答案常在這段期間靈光乍現。

順序很重要。

一開始先以「思考工序」來引出問題，讓大腦好好構思。這期間做些文書工作或玩樂，之後就能迸出答案。

這是最有效率的做法。

沒有事先把問題留在腦中就做文書工作或玩樂的話，反而沒辦法讓大腦使出全力，要特別留意。

善用精神時間法

在研討會或講座上，出場前如果還有點時間，我會寫點書稿，或視場所許可錄些影片。

因為在出場前，就算想休息也靜不下來。**精神難得如此高昂，當然要妥善把握這個機會處理工作，效率也會比較好**。

其他像是跑步後淋浴完直接工作，因為這時候心跳較快，情緒也比較亢奮。

難得狀態這麼好，用來慢慢吃飯或看漫畫實在太可惜了。

另一方面，睡午覺後常常會發呆，很難打起精神來。於是我決定在午覺醒來後練習單簧管。不但可以練習，還可以讓自己清醒，一舉兩得。

▼盡量把會議排在同一天

我會盡可能把會議排在同一天，也跟精神狀況有關。

假如今天、明天、後天都各排了一場會議，在會議前後很難安排其他行程。畢竟會太在意之後的會議，沒辦法專心在工作上。

既然如此，一鼓作氣將兩、三個會議安排在同一天還比較好。

小會議不需要太專心，所以連續開好幾場也沒什麼問題。

某個企業家曾經連續開五場三十分鐘的會議。在一連串的會議上，他都能專心做各種決策，非常有效率。

可是若花了大把時間，只為了把會議調整到同一天就本末倒置了。

不需要勉強統整。以那位企業家來說，他的行程是由秘書巧妙地調整安排。

沒有秘書幫忙的人，在安排時盡可能將會議時間排在已安排好的會議前後就好。

依輕重緩急來分類工作之後，就能有意義地活用時間。

參考本章介紹的方法規畫行程，要做的事就會越來越順利，還可以獲得充實人生的最好的時光。你說不定會覺得很訝異，沒想到只是多了兩小時的獎勵，就可以讓每一天過得如此豐富精采。

會議安排在同一天

	一	二	三	四	五
9 點			開會		
12 點	開會				
15 點		開會			開會
18 點				開會	
21 點					

	一	二	三	四	五
13 點			開會		
14 點			開會		
15 點			開會		
16 點				開會	
17 點				開會	

重點

「隨時都很忙」最不好

第 5 章

累積瑣碎時間，
就能創造浩瀚人生

遠大的目標也只是每一瞬間的延長

至今，我們已經談過一日、一週的行程規畫，以及短期內擁有充實感的方法。

不過說不定會有人想問：「只做這些無法達到遠大的目標吧？」

你說的沒錯。**單靠短期的充實無法得到真正的頂尖人生，我們也有想花費長時間來達成的目標。**

這樣說起來，難道我們得為了這種目標，咬牙努力才行嗎？不不不，並非如此。

請放心。**「遠大的目標」跟「每天的充實感」，可以同時成立。**

▼一本書也是從今天寫下的一行字開始

第一章曾提及我做過的事，容我在此重述。

- 順利創業。
- 舉辦約一千人參加的演講。
- 出版超過十多本商業書。
- 多益考了九百二十五分。
- 舉辦單簧管演奏會。
- 東京馬拉松完賽。

這些都不是一週內或是隨便就能做到的事。

寫書的話，我一年只寫一到兩本。

難道這意味著我一年只會感覺到一、兩次幸福嗎？

當然不是。

我是邊享受邊做這些事，因為每天都可以離目標更近一點。

比方說練習單簧管十分鐘，就可以吹得越來越好。

只寫一行書稿，就離出版日越來越近。

透過這種方式**實際感受每天的進化，不但可以享受最後的成就感，還可以從過程中體會到生活的充實**。

如果可以開心度過每一天，又不知不覺實現遠大目標的話，不覺得超棒的嗎？

一天十分鐘就能改變人生

我在三十六歲的時候因為興趣開始學單簧管。

話雖如此，我一天只花約十分鐘練習，也有一週都沒練習的時候。

這樣的我，持續練習超過十年後，還是可以在人們面前業餘表演、在生日或朋友的派對上吹奏，跟夥伴一起樂在其中。

雖然花了點時間，不過單簧管成為讓人生更多姿多彩的興趣。

我都想好好稱讚從零開始學習單簧管的自己。

「持續的威力」真的不可輕忽。

每天無意間地累積經驗，不知不覺中會帶你到意想不到的世界。

除了吹單簧管之外，矯正牙齒的經驗也是好例子。

我只有一顆牙齒咬合不正，每天照鏡子時都很在意，所以在三十幾歲時開始矯正牙齒。

放上鋼絲之後，即使過了一週、一個月，我的牙齒看起來還是絲毫沒有動靜。

可是持續半年之後，齒列開始有所改變。

矯正滿兩年的時候，我的牙齒真的變得整齊多了。

現在不但每天的壓力消失，整齊的牙齒也讓我看起來年輕不少，賺到額外的福利。

開始矯正之前我曾覺得兩年好長，但是開始療程之後，感覺一下子就結束了。

我也因為治療花粉症嘗試過舌下免疫療法。

這是治療過敏的療法，藉由每天接觸少量過敏原，讓身體習慣它，緩和過敏症狀。

我有花粉症，一直很遺憾自己沒辦法好好體驗難得的春天，所以決定試試舌下免疫療法。

具體而言，我要做的就是每天把藥劑放在舌頭上含著融化，所需時間一分鐘。

我從二〇一七年六月開始這個療程，過敏症狀在次年春天幾乎少了一半。等到下個春天來臨時，竟然完全沒有任何症狀了。之後，我的花粉症就再也沒有發病過。

每天一分鐘，就可以讓往後的好幾年、好幾十年快活過日子，真的太棒了。

▼大成就也是從一小步開始

商務上，持續著一點一滴的努力也會帶來巨大變化。

我不但出版過超過十本商業書籍，出書紀念講座也來了近千人參加，而且參加者大多是讀過我書的讀者。

而這一切的原點，都是一天花三十分鐘左右處理的電子報。

我自二〇〇二年起寫電子報，已經持續寫了超過二十年。

每天寄發的電子報，一期大約花三十分鐘。

因為書裡的內容大多以電子報內容為基底，所以每天持續三十分鐘的事，結出了龐大商機的成果。

商務成果跟矯正牙齒或舌下免疫療法不一樣，很難再次得到相同的成果。

不過只要訂定計畫一步步完成，無論過程如何，都能得到大成就。

大成就不但會讓人生為之一變，也能感受到龐大的成就感，覺得「自己做到了」。

這種成就感跟至今介紹的每日成就感完全不同，它是想過真正的充實人生不可或缺的元素。

因此，本章會介紹**如何長時間一點一滴努力，幫自己彙集大成果的方法**。

其實根本沒有無法持續的人

在各樣事情中，有些事**不持續做就看不到成果**。

那些都是不能馬上看到成果，只能持續等待累積經驗才有結果的事。

像是健身、減重、存錢、學英文、考證照、運動、演奏樂器、創業或兼職等。

這些都得慢慢累積經驗，別無他法。

也不是出錢就能即刻做到的事。

這些事情不會馬上出現成就感，心理上便容易將它們往後延。

再加上幾乎都不是很緊急的事情。

但是，它們有時會是人生中很重要的事。

假如可以腳踏實地持續做這些「不緊急但很重要的事」，就能活出真正充實又有價值的人生。

聽了這些話之後，有人可能會說「我沒辦法腳踏實地持續下去」，根本沒這回事。

只要動點腦筋，任何人都可以一步一腳印地做下去。

例如很多人都背著超過數千萬日圓的房貸。

不過重新思考後，不覺得這是件很厲害的事嗎？

只要持續下去，就算是普通人也可以做到很厲害的事。這並不特別，誰都能做到。

▼一步一腳印其實很有趣！

不少人覺得一步一腳印很平淡，是「耐著性子繼續做討厭的事」。

可是，一步一腳印其實很有趣。

每天一步一腳印地持續行動，意味著每天都能感受到成就感。

持續下去，不知不覺就能獲得大成就，不覺得超棒的嗎？

重點在於，每結束一小步的時候都要為此感到高興。

「做了十下伏地挺身」、「解完一題證照考古題了」、「整理好桌子了」等，就算是這種規模的小事，也要「有意識地」覺得高興。

持續感受成就感，就能讓自己慢慢變成很有工作能力的人。

我只要做完一件事，就會開心地握拳。

光是擺出這個姿勢就會讓我心情極好。講得難一點，就是腦中正在分泌多巴胺。因此明天也想要繼續一步一腳印行動下去。關於這點會在第六章再次說明。

只要有一個十年計畫的目標，人生就會很充實

十年的時間，你能完成哪些事呢？
認真去做的話，或許英文會話會變得超流利。
存款也會變得很多。
演奏樂器的技巧也會變很好。
創業很順利，收入也變得很不錯。

一步一腳印持續下去，應該能做到很多事情。
人生難能可貴，花十年挑戰至少一件事也不錯吧？人生的充實程度一定會有所改變。

請思考一下：

現在三十歲的你，想成為什麼樣的四十歲呢？

四十歲的你，想成為什麼樣的五十歲呢？

或許你會有這些期望：

「想說一口好英文，在國外盡情活躍。」

「想創業，年收益達三千萬日圓。」

「想讓社群帳號追蹤人數達十萬人，把資訊傳給更多人。」

「想成為作家出道。」

「想開演唱會。」

現在開始的話，十年後一定都能做到吧。

希望這時候你可以問自己：「**如果人生中只能做到一件大事，我想做什麼？**」

雖說只做一件大事有點極端，但是人在一輩子裡能做到的事很有限。我還在科技業上班時，上司跟我說過：「我們上班族人生中會經手的專案只有十件。」

假設二十五歲前進公司、工作到約五十五歲退休的話，工作期間大約是三十年多一點。科技業一個專案大概會花三年左右，所以能夠經手的專案最多也就十件。

聽到這句話時，我真心感覺人生裡能做的事情原來這麼少。

▼你想用十年做到哪件事？

但是，我們原本就不需要做到好幾件事。

只要完成一件大事，就足以讓我們很幸福了。

舉例來說，假設你用盡一生成功開發出可以治療罕見疾病的藥物，會因此覺得很幸福嗎？

就算人生只做到這一件事，想必你依舊會覺得很有意義。

請務必思考看看。

你想用十年做到哪一件事呢？

一定有花了十年去做，仍然覺得「有挑戰過真好」的事情。

假如真的只能做到一件事，大部分的人會以讓人或世界變幸福為目標，而不是為自己做什麼。

我曾試著問身邊的人這個問題，每個人都回答：「我想做些能幫助別人的事。」

如果活著是為了實現這個目標，想必每天都能找出生活的意義，充實度過每一天。

也許有人會因為目標太遠大，沒信心能做到，但可以從另一個角度思考，把整個過程看成「實現目標前都很充實」。

即使人生在挑戰途中就走到終點，也可以因為擁有目標，使人生充實到最後一刻。

你想花十年做到哪一件事呢？

為什麼想做這件事？

長期計畫要以日常作息一步步實行

遠大的目標就得融入日常作息。

因為如果沒有把它轉化成日常習慣，很難持續一年、兩年甚至十年。

以先前提到的舌下免疫療法來說，我固定在早起刷牙後口含藥劑。

電子報則是固定每天早上八點前寫完並發布。

我靠這種日常作息持續下去。

第四章也曾建議將日常習慣安排在早上。

因為平時較多緊急工作，白天很難有空，所以在工作之前留些時間來做跟長期目標有關的事。

挑戰遠大的目標時，有時會不知道一開始該做什麼才好。

這時候可以先做自己想到的任何事，通常做了之後就能掌握一些方向。

我自己是從發行電子報開始。

然後以此為契機順利創業，做現在的工作，還出版超過十本書。在我開始行動之前，可不曾想像過這些事。

決定日常作息的注意事項就是要控制在「不勉強也可以持續下去的難度」。

必須努力才能做到的事，沒辦法持續。

例如我常讀小說或實用書，但只用瑣碎的閒暇時間讀幾頁，大概五分鐘左右。如果是這樣，每天都能持續下去。

我也會上傳影片、發行電子報、寫部落格、寫社群貼文，每一件事都維持在可以持續進行的難度，才得以堅持到現在。

▼一開始不追求成果

為了讓日常作息持續運轉，一開始不能一心只追求結果。

因為開頭不會有任何成果。

若是從一開始就追求結果的話，看不到成果的期間會覺得很痛苦，接著便會感到厭煩。

要怎麼做才好呢？**把持續下去作為目標，並且計算行動，不計算成果。**

像我在學英文的時候，設定的目標只有「每天花一小時讀英文」。

如果一開始就把「背十個單字」這種重視品質的內容作為目標，早就痛苦不堪了。因為起初完全背不下來，一下就忘了。

不把背單字當成目標，只讓自己每天學習一小時，就可以稱讚自己：「很棒，成功學英文一個小時了！」

就算背不了單字，只要學習時間有達標就算成功。

這樣一來，就可以每天稱讚自己「今天也學了一個小時」，很有成就感。成功用好心情持續學習十天、二十天。

持續學習一個月之後，會發現自己在不知不覺中把單字背下來了。這正是數量轉換成品質的瞬間。

從此，因為明白只要行動就會有結果，學習就會變得特別有趣。

在抵達轉換點之前，請不要追求品質，把行動量訂為目標。

因爲有「終點」才能堅持下去

假設一天讀一頁的書。

如果書有三百頁，三百天就能讀完，不用一年，一定讀得完。

另外，若是想存二十萬元，一個月存六千的話，到第三十四個月存款就能破二十萬，換算起來是兩年又十個月。大家只要照這個方式就一定能存到錢。

慣例的好處就在這裡。

因為它給人「繼續做就會結束」的安心感，剩下的就是每天做完決定好的事就好。

換句話說，**請在開始行動前先讓自己深信「持續下去終有結束的一**

天」。為此，請考慮並確認自己在做的事情有終點。

了解結束的日子一定會到來，就不會對未來感到不安。

「今天讀完一頁了，ＯＫ啦」、「這個月也存了六千元，ＯＫ啦」，少了不安就能好好度過每一天。

每天感受「今天也做完所有該做的事」，無憂無慮地進入夢鄉。

▼珍惜小小的成功體驗

我讀過各種經典小說。

《三國志》、《戰爭與和平》、《魔戒》、《飄》、《關原之戰》、《坂上之雲》等，每一本都是一點一點讀完的。

不過，我以前絲毫沒想過自己竟然讀得下這些經典作品。

一切的變化始於我讀完共八本的文庫版《龍馬行》。其實第一次挑戰讀小說時，我想要一口氣讀完，卻筋疲力盡，就這樣擱置了四年。

某天我想到與其讓書一直放在書架上，不如花個十年，一天一頁讀完它，所以開始趁著泡咖啡的時間讀一點。結果，大約三個月就把八本小說看完了。

「我竟然有讀完這種經典作品的能力！」這個結果讓我充滿自信。之後，不管小說有幾本，我都認為只要能持續就讀得完。

在突然挑戰需要耗費三年的大目標之前，先用規模較小的目標讓自己感受成就感。

用小說舉例的話，《老人與海》的篇幅長度剛剛好。之後再試著閱讀長一點的作品，然後下一本選擇分成上下集的書籍，下下一本就選分三集的、下下下本選分五集的，以此類推，慢慢增加難度後，自信也會跟著來。

想要每天發送資訊的話，可以先寫一個禮拜的部落格，從小事情開始做做看。如果這一個星期寫得很有自信，不自覺就會每天發送資訊了。

健身也一樣，**先定一個難度較低的目標**，像是一週內每天做十次伏地挺身，**實際做到後就會想做更多**。

自我滿足萬歲！

我利用搭乘電車的時間，就把彼得．杜拉克大師的經典著作集讀完了，不過是用手機看電子書。

還聽另一個作家同行說過，某本書的企畫是用搭電車的時間完成的。

就算空閒時間很短暫，善用這些時間也能成大事。

我自認為「讀完杜拉克經典著作集的我很厲害」。

不只如此，我也覺得沒有白白浪費空閒時間，把時間用來讀書的我非常值得驕傲。

這種自己就是「我愛的自己」。

當然這單純只是自我滿足，我也沒有跟任何人說過「我很厲害吧」，只是單純有這個想法而已。

這個想法如果特地大聲說出來實在太丟臉，但它正是一步步持續下去的方法之一。

也就是說，**客觀看待一步步持續下去的自己，或善用空閒時間的自己，覺得自己「很厲害」、「很酷」、「很優秀」，就是持續不懈的祕訣。**

▼隨時保持「我很棒」的好心情

本書中提過讓自己心情變好到底有多重要，客觀看待稱讚自己的行為，就跟讓心情變好一樣重要。

把空閒時間花在有意義的事情上、一步步堅持下去，稱讚自己後用心體會浮現的好心情。

深深體會過好心情的滋味，就會想要再次體驗，到了明天或後天，還是會一步步繼續努力下去。

重點在於客觀地認為自己是「喜歡的自己」。

不要有所顧慮，盡情自我滿足吧。

倚賴意志力不會順利

想持續什麼的時候，只靠意志力去做往往會遇到挫折。

我也是意志力薄弱的人，寫第一本書的時候還為此特別請了指導老師。

我請老師幫我釐清一週的執筆目標，然後在下週上課時報告進度。因為有老師的幫忙，我才沒有偷懶，順利寫作。

指導老師並非只是「教導的人」，他會幫我把想達成的目標變得更明確，還會為了達成目標為我安排必要功課，或是點出我感到難度高的心態，陪我走完達成目標的這段路。

由於我是請專業老師幫忙，當然需要一定的費用。但直到現在，我仍覺得那是一筆好投資。

第一次寫書真的相當辛苦，如果沒有老師的協助，我應該寫不出來。

此後，每當我想開始新挑戰，或者是想持續很重要的事情時，都會為此花錢。**與其說是為了學到相關知識，「把錢花在促使自己行動」上比較有效**。

即使告訴我寫書的方法，我還是可能連一本都寫不出來。正因為有老師陪我一起努力，才能堅持到最後。

▼不要捨不得在開啟「強制力」的事情上投資

多益考試考九百二十五分的時候，我也請了一位英文老師。

上健身房我也請個人指導教練，沒想到鍛鍊時間竟然直接減半，讓我大吃一驚。

學單簧管時，我一直都有在上成人音樂教室。每個月有三堂課，我都會在上課日前，每天努力練十分鐘，雖然時間不長，但有好好地持續下去。

另外，我之前因為想創業，所以從上班族時期就請了老師上實踐型講座課程。

上班族生活雖然令我忍不住想偷懶，但因為活用這些強制力，最終才能成功創業。

能促使自己行動的投資，絕對不能小氣。

訂出階段性終點，每天就會很充實

我學單簧管的音樂教室，每年都會舉辦一次成果發表會。因此一年內會花幾個月為發表會做準備與練習。

十年感覺很長，但如果是三個月後的發表會，一不留意就會來臨。**因為有期限的目標存在，動力才會恰到好處地持續下去。**

為了讓自己一步步努力下去，有時候設定這種「**階段性終點**」也很有效。

學英語的話，可以去國外旅遊或是參加英文演講大賽。

創業的話，參加商務企畫比賽也不錯。

有期限就能讓自己在期間內專心作業，技巧也可以一下子熟練起來，專案也會更有進度。

▼好好品味日復一日的每一天

我在單簧管成果發表會的上場時間只有短短十分鐘，為了將一首十分鐘的曲目練得爐火純青，三個月裡每天腳踏實地練習。

這樣的行為一點都不空虛，成為美好的人生。

人原本就會為了一年一次的收成努力農耕一整年，舉辦慶典慶祝收成。

對人類來說最自然的生活方式，可能就是為了迎接值得慶祝的那天，一步一腳印地度過日常時光。

日復一日不是壞事。

重要的是在每一天擁有最好的時光，確實體會幸福的滋味。
品味著幸福度日之際，偶爾一年去一趟旅行，或是花三年做出專案成果，感受龐大的成就感。
每天一步步著手眼前該辦事項的生活方式，最適合人類的習性。
人不會因為每天享樂而變幸福。
每天為自己的小小進步開心，度過充實的一天吧。

第6章

品味人生

讓每天的充實度變三倍的訣竅

終於到了最後一章。

本章主題為「品味人生」。

就算是完全相同的日常，也能讓人生越活越有滋味。

就算是吃同樣的餐點，大口狼吞虎嚥，跟一口口細細品味的滿足度，也會完全不同。

減重不成功的人都會想要「吃到飽」，能維持纖瘦體型的人則會考慮「用這樣的量讓自己吃飽」。細細品味，好好咀嚼再吞嚥下去，即使吃不多也會飽。

旅遊的樂趣也可以輕鬆變三倍。

旅遊的開心之處不限於過程，「去那裡吧」、「到這裡走走吧」的計畫過程也很開心。

回去後看著照片回憶「那時候超開心的」，這樣的過程也很開心。

如果「預先規畫」、「旅遊途中」、「回憶」都能樂在其中的話，一趟旅行的樂趣就能變三倍了。

▼「人生好無聊」是因為沒有細細品味

相同的道理也能套用在工作跟日常生活中。

只要意識到這點，感受到的樂趣跟充實度就能擴張成三倍甚至五倍。

「最好的時光」可以變得更美好。

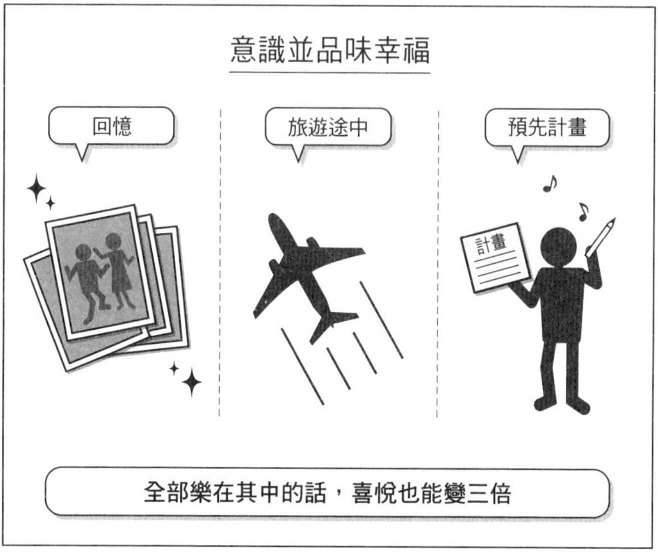

說著「不管怎麼做人生都很無聊」的人，說不定只是沒有細細品味過人生而已。

本章將介紹從同一件事情中感受到更多好心情的方法。

容易開心的人，事事順利

第五章也提過，請大家在完成待辦事項後要有意識地覺得高興。這樣一來，即使是小事也能感受到成就感。

感受不到充實感的人高興不起來。他們縱然做到極有成就感的大事，還是會繼續鞭打自己。

「這種事誰都做得到。」
「成功只是偶然。」
「成功不是因為我自己。」
「不可以因為這樣就開心。」

「跟大家比起來，我還不成氣候。」

無法為了自己的成就高興，屬於一種自我否定。若繼續過著否定的每一天，人生就會變成一連串的痛苦。

每年協助百位創業者後我才明白，就算有所成就，自己卻沒辦法為此高興的話，就不會有自信。

第一次做出一萬元業績的時候，若想著只有一萬沒什麼好高興的，便很難脫離一萬元的階段。要特別注意這點。

另一方面，因為賣了一萬元就高興的人，下一次就能賣到十萬元。因為十萬元高興之後，就能賣到一百萬元。

因為高興才會開始有自信。

一個個小成果轉化成自信之後，就會開始相信自己「下一次如果也是同樣的狀況，我一定做得到」。

再次挑戰同件事，做起來會比之前更不費力，壓力也比較小。這種經驗持續兩、三次之後，多次加強的成功體驗就會越來越穩固，也變得更容易成功。

用這種步調便能進入下一階段的挑戰。

▼有意識地為小事高興

對高興的人來說，每天都是成就感的接力。

我只要寫完部落格文章或電子報，都會開心地握拳，說著「很好！」或「太棒了！」這種高興的過程是我的習慣。

就連讀完一頁小說，我也會心想「很好，有進度了」。

即使只練了十分鐘單簧管，我依舊會認為「好像有點進步了」。

自己高興，心情就會跟著變好，隔天也想要繼續下去。

在研討會上演講、新書上市，以及一筆大單成交的時候，我當然也會非常高興。

但是這種事情不會每天發生，所以**為小事開心**是最棒的方法。

在同一件事上得到十倍成就感的小祕訣

不需要為了感受大量成就感就勉強自己增加工作量。

有更好的方法可以感受大量的成就感。

就是將工作細分成小作業。

比方說，把一項工作分解成十個作業的話，體驗到的成就感也可以跟著變十倍。

這是因為無論多小的作業，都可以體驗到「太好了！結束了！」的成就感。

比起完成一件大工作之後才高興，每完成一項作業就高興一次的話，十項作業就能高興十次，也能體驗到更多成就感。

▼大幅降低第一步的門檻

內容越簡單，越能輕鬆面對處理，這也是優點之一。

以製作資料為例：

- ・找出過去的資料檔案。
- ・變更檔案名稱。
- ・決定文章走向。
- ・一項一項撰寫。
- ・插入圖片或表格。
- ・反覆思考斟酌。

如以上細分成零碎作業。

細分作業之後，每完成一項就會感覺「今天順利做到整體的大綱階段了！」或「完成一項了！」的成就感。

樂於享受文書作業和創意思考的方法

有人覺得自己不擅長文書作業，也有人覺得自己不擅長需要思考的工作。

跟我一樣獨自經營公司的話，需要做各式各樣的工作。只要掌握讓這兩種工作變得更充實的祕訣，很多事情都能開心解決。

接下來就介紹讓文書作業跟創意思考更充實的方法。

▼讓工作更充實的訣竅

①用文書作業充實生活的訣竅。

輸入數字、印製請款單、簡易文書等作業可以當成「計時賽」，像在玩遊戲一樣享受整個過程。簡單來說就是**設定時限，讓自己專心在作業上，努力在時間內完成**。

用計時器設定三十分鐘或一個小時，專心在作業上，不但可以完全投入其中，還能像在挑戰一樣感到愉悅。這個狀態跟心裡想著好麻煩、提不起勁做事，有著天壤之別。

況且把之前得花兩小時完成的事情，多次嘗試縮減成一小時的過程，也會成為一種樂趣。

效率逐漸變好之後，便能從中感受到充實感。

幫自己保留一段時間，作為「把所有文書作業全部一口氣處理好之日」也不錯。

你一定會覺得那一天非常充實。就算作業堆疊如山，只要心裡清楚「這些全都會在這天處理完」，就不會每天在意這些工作了。

②用創意思考充實生活的訣竅。

不少人對寫部落格文章、製作提案資料、撰寫演講稿以及規畫事業計畫等需要創意的工作感到灰心喪氣，總覺得「唉，今天又沒什麼進展」。

細問後終於知道原因為何。

對那些人來說，**如果沒得到最後的成果，就感覺自己什麼都沒做**。

例如寫部落格文章，寫了兩小時還是沒有條理，最後也沒有結論的話，就會沮喪悲嘆「唉，寫不出來」。狀況更糟的時候，還會刪除整篇草稿。

解決這個問題的方法很簡單。

正因為是創意類工作，才更要細分每項作業步驟，用中途成果來感受成就感。

即使部落格的文章沒寫完，但還是有想出點子，也算寫到一半了。

所以就算文章沒有發送出去，也可以稱讚自己「很好，我寫了三分之一」。

我自己現在就是用這種心態在寫書稿。「我想到好點子了！」、「今天又多寫了一行！」、「又寫完一節了！」光是這些想法就能讓我抱著有新進度的心情，為此高興。

雖然會花好幾個月，最終仍舊寫完了一本書的書稿。

記錄「好事」

經歷完成一件工作或是玩得很開心等各種好事後，請務必把這些很棒的體驗記錄下來。

光是記錄每天的好事，就能讓每一天變得更耀眼。

請務必讓自己回顧今天一整天。除了完成工作之外，應該還會發生一到兩件好事。持續記錄約一個月之後，可以累積三十到六十件的「好事」。

很多人會錯過幸運。

人類打從出生就很悲觀，為了要保護自己，因而遠離不好的事以及危險的事。

換個角度來看，沒有特別留意的話，很難記住好事或開心的事。

因此要把每天發生的好事或完成的事寫下來。

累積一週或一個月的紀錄之後，翻閱一下。

你會發現自己完成的事意外地多。

這個發現會帶來充實感以及自信心，讓你覺得「這一週過得太棒了」、「這一個月真的很讚」。

我在準備創業的那段時間，是以一天為單位來回顧。

開始經營後，做出的成績不多，很難感受到自己的進步。

如果沒有回顧一天，想法會越來越悲觀，覺得「什麼都沒做就天黑了」、「什麼成果都沒有，我這個月到底做了什麼」。

覺得什麼都沒做，但其實已經在思考下個工作的流程，或是驗證新的生意點子可行性，一定有做些「什麼」。

透過明確記錄這些好事，理解自己做過哪些，就會湧現面對新挑戰的力量。

▼回顧一整年，選出年度第一

生意順利發展，讓我開始有自信之後，記錄單位就從每天減少成每週。

接下來又改成每月，最後減少到一年回顧一次。

然後像「今年十大新聞」一樣，幫好事跟完成的事排行。

某一年的第一名是帶媽媽去杜拜，另一年的第一名是為了看摩艾像跑去復活島。還有一年的第一名是多益考了九百二十五分。

用這種方式回顧之後，光憑藉當年的第一名就足以讓我覺得「今年過得真好」。這段回顧的時間每分每秒都很充實。

所以，特意保留這樣的時間很重要。

實際上，我也有幾年不曾回顧。

那時候的我認為今年沒做什麼值得一提的事，覺得寫了好像也沒什麼用，就沒回顧了。

可是重新思考之後，我覺得不管有沒有做什麼都該回顧，所以重新回顧了那一年，也發現當年果真是個好年。

雖然生意上沒有做出什麼大成績，但卻是學習的一年。我衷心覺得自己撒下了通往未來的種子。

寫出這一年的好事吧

失敗是只有挑戰者才有的特權

人生中品味到的不只有成就感，也會嘗到大量痛苦、艱難或屈辱。

經歷各種失敗、事事不順心，一想到又失敗了就會很沮喪，動彈不得。

這時候請這麼想：

「**我正在挑戰。**」

不要為每一個結果所困。

請稱讚果敢挑戰的自己，為自己加油。

尤其在做生意的時候，每天都失敗連連。

投資朋友結果虧了〇〇萬、講錯話跟某人之間變得很尷尬、去演講結果說到一半講不下去，主辦人還來關心等。

這種時候當然會沮喪。

但這也是因為自己正在挑戰才會發生。

正在挑戰的你，難道不算是「喜歡的自己」嗎？

更何況自己覺得丟臉的失敗經驗，別人看來或許根本不算什麼。

就算投資虧損了一百萬元，旁人的反應也只不過是「是喔，太可惜了」，有時候反而還會因為「居然有一百萬可以投資也太厲害了吧」，而對你抱持敬意。

▼跨越失敗的人生很美妙

我身邊有許多經歷過各種大失敗的人，他們都會很開朗地談起這些過往。

我覺得他們強悍又厲害，也從他們身上獲得勇氣，即使經歷風風雨雨，最後還是能笑著過日子。

當然也有無法一笑置之的事，但這些也能成為成長的養分，不會白白浪費。

等到年紀大了以後，能覺得「雖然那時候真的很難熬，但一切都值得」就好了。

沒有挑戰，就不會失敗。

可是，你想過的是這種人生嗎？

跨越失敗後的充實與幸福，比起沒有失敗過的人生更美好，這是我的想法。

你跟我都過著失敗或問題連連的每一天，不過我們依然要感受「嗯，我正在挑戰」，繼續生活下去。

不是「挫折」，是「休息」

雖然挑戰過遠大目標，但有時會因為每天工作太忙，而停下挑戰的腳步。

也有可能因日常作息的變動，讓自己多了三個月的空白期。

可是，不用因為這些事而感到挫折。

無法持續是常有的事，有時候也需要休息。

不過，我們仍然做得到「不放棄」。

請氣勢十足地說著「雖然空白了三個月，但還是重新開始吧」，讓自己重新挑戰一次。

▼只要重新開始就好

朋友說他讀威廉．薩默塞特．毛姆的《月亮與六便士》讀得很挫折。根本不需要把事情看得太嚴重。

小說這種東西，只要從停下來的地方再開始讀就好。

我也有段時期完全沒時間練單簧管，但還是從三十六歲一直練到現在。讀英文也是有一年左右沒什麼行動。

可是，即使我中途停下腳步，卻從來沒放棄。

只要覺得自己不會放棄，就不用感到挫折。

只是暫時休息一下而已，沒必要特意用挫折來詮釋它。

朋友說的挫折，只是擅自拿來否定自己、覺得自己是廢物的形容詞。

話說回來，我的老家牆上曾經掛著一句話：

「累了就休息吧！你的朋友想必也不會離你太遠。」

這句話據說是俄羅斯文豪伊凡．屠格涅夫的名言。

這不是挫折，請把它視為休息。

然後再重新開始就好。

什麼是幸福人生？

年紀輕輕就事業有成、紀錄輝煌的運動選手、在演藝圈一躍成名……就算是留下大成功的人，也不代表什麼都不做就會很幸福。

幸福不能預先充好電。

幸福就要現在發電後細細品味。

人生如果只有八十年多一點，換算成天數的話約三萬天。

所以，幸福人生就是過著三萬天體會幸福的日子。

這本書裡也說過很多次，每個人到最後都會發現「小幸福」非常重要。還有，小幸福只要一天中有兩小時就夠多了。

即使偶爾也會有完成大工作的成就感，但一年內不會有很多次。因此沒辦法用大成就感填滿三萬個日子裡的每一天。

再說，若一味追求這種大成就感，只會空虛又痛苦。有時會逃進短暫快樂的懷抱，陷入自我厭惡之中。

想每天過得幸福，就要把握好日常生活中的小幸福。

「今天的飯也很好吃」、「孩子們的笑聲令人愉悅」、「一整天都很健康」等，對這些事心懷感謝，體會其中的喜悅。

人生的滿意度，會隨著認真細細體會小幸福的程度而截然不同。

▼滿足自己後，更豐富的生活就會來臨

藉由體會小幸福，滿足自己之後，最棒的改變就是能溫柔地對待他人。

當心裡的幸福已經多到快要滿出來時，自然就會想把幸福分享給他人。

如果心態從容，不但會想協助周遭人，還會想提供更好的服務給客人。

溫柔對待他人的行為，也會得到他人的感謝，最終回饋到自己身上的反而更多。像是收到回禮、優先拿到好機會邀約、更好的工作從天而降等，滋潤人生的事情接踵而來。

很多時候，變得更幸福並不需要花很多錢。

例如我喜歡的佃煮海苔醬，只要幾百日圓就買得到，就算賺不到好幾千萬還是幾億，也足以讓自己幸福，還能溫柔待人。

總而言之，人不是因為有錢、有從容才會為他人付出，而是因為深深體會人生、滿足自己，才會為他人付出。

不要拚命求財，先走捷徑讓自己幸福，過著豐富生活才是上上策。

請務必徹底使用本書，與充滿「白費」、「後悔」與「壓力」的日常告別，用好心情填滿每一天。

沒事的，你還有機會拿回屬於自己的重要時間。

爲了充實每一天，
只做眞正重要的事

最後複習一次

①	拋棄「每一刻都很充實才算幸福」的想法。
②	找出日常的浪費時間，戒掉它。
③	找到「讓自己幸福的事」。
④	安排計畫體會「最好的時光」。
⑤	確定長期目標，把時間用在未來。
⑥	有意識地去享受幸福。

—後記—

最幸福的事

沒想到！

我竟然忘記寫一件重要的事了。

那就是對我來說「最幸福的事」。

我從二十幾歲開始追求幸福，一路跌跌撞撞。

總是煩惱自己不成大器、生活鬱悶的上班族時期，以為創業成功就一定會幸福！

所以，我辭職離開公司。

意氣風發地創業，但第一年卻大虧損，未來一片黑暗。

存款越來越少，每天都因胃痛所苦。

就算熬過虧損，業績逐漸增加，真正的幸福還是沒有來到我身邊。

以上都是前面說過的內容。

之後，我開始明白何謂幸福，不過意外的是，最幸福的瞬間是在工作中發生的。

工作時令我開心的瞬間，就是有人報名參加講座或座談會。直到現在，只要一收到有人報名的電子郵件通知，還是會開心到像是要飛起來。

雖然也很開心業績增加，但**感受到「有人認同我」、「有人需要我」的喜悅，遠遠超過業績**。

另一個讓我開心的瞬間就是幫上客人的忙。客人做出成果或是笑得很幸福，都令我心滿意足。

人生中沒有比「幫上忙」更幸福的事了。以前抱著這種想法的我，為了讓自己能幫忙而拚命工作。

我的祖母因衰老過世。

我在祖母過世前，曾前往大阪的醫院探望她。

那時祖母已經幾乎不會回應人，也說不出話來，但是看到我的瞬間，她一下子就笑容滿面。正好在場的醫生大吃一驚，告訴我：「這是令祖母住院以來，第一次展現笑靨。」

我強烈感受到祖母對我的愛。

光想到有人只因為我的存在而開心，就讓我非常幸福。我只是活著就有人因此開心，真的很幸福。

同時，我發現自己不需要再盡力想著「我必須幫上忙」。

從那之後，我變得更容易有幸福的感覺。我變得更享受夏日大片雲朵的淨白、小鳥雅麗清脆的啼鳴，以及柳橙酸甘的芳香氣息。

因為太想告訴各位保持原狀也能很幸福，我才寫了這本書。**想告訴大家，就算不用努力做出什麼成就，平凡人也足以讓自己很幸福。**

能滿足物質需求的人有限。

像是奧運每個競賽項目裡，能拿到金牌的只有一個人。

可是無論你處於哪種情況，都能在心靈層面上變得很幸福。因為不留遺憾、拚盡全力的運動選手，已經感受到那份充實了。

請想想有人只因為你的存在而開心、你在某個人心中非常重要，光想到這點心裡便不斷湧出幸福。

對我而言，你當然也是很重要的人。

因為你願意翻開每一頁，細讀這本書，就讓我非常開心。真的很謝謝你。

請你從今以後也務必體會自己的幸福，享受既漫長又短暫、僅僅一回的人生。

最後，我由衷感謝從零企畫、編輯本書的小寺裕樹等SUBARU舍的各位。

此外，真的很感謝享受工作與生活、生龍活虎地活躍在各界的每一位，因為有你，我才得以自信地寫下這本書。

然後，我想告訴拿起這本書的你，真心感謝可以透過這本書與你相遇。

熱切希望你可以感受到我的喜悅，只因為你願意讀這本書。

期盼未來能在某個地方，與度過最棒人生的你面對面相見。

圓神出版事業機構 Eurasian Publishing Group 用心與你對話．視野無限寬廣
方智出版社 Fine Press

www.booklife.com.tw　reader@mail.eurasian.com.tw

自信人生 201

你與幸福的距離，只有2小時：有錢又快樂的人都這樣做

作　　者／今井孝
譯　　者／高宜汝
發 行 人／簡志忠
出 版 者／方智出版社股份有限公司
地　　址／臺北市南京東路四段50號6樓之1
電　　話／（02）2579-6600・2579-8800・2570-3939
傳　　真／（02）2579-0338・2577-3220・2570-3636
副 社 長／陳秋月
副總編輯／賴良珠
資深主編／黃淑雲
責任編輯／胡靜佳
校　　對／胡靜佳・林振宏
美術編輯／李家宜
行銷企畫／陳禹伶・陳衍帆
印務統籌／劉鳳剛・高榮祥
監　　印／高榮祥
排　　版／杜易蓉
經 銷 商／叩應股份有限公司
郵撥帳號／18707239
法律顧問／圓神出版事業機構法律顧問　蕭雄淋律師
印　　刷／祥峰印刷廠
2025年9月 初版

ITSUMO SHIAWASENA HITO HA, 2 JIKAN NO TSUKAI KATA NO TENSAI

Originally published in Japan in 2024 by Subarusya Co., Ltd.
Traditional Chinese translation rights arranged with Subarusya Co., Ltd. through AMANN CO., LTD.

定價310元　ISBN 978-986-175-862-6

如果你說出一些難聽的話，
又爲此感到後悔，
正是因爲你的本性善良。

——《別動不動就自責》

國家圖書館出版品預行編目資料

你與幸福的距離，只有 2 小時：有錢又快樂的人都這樣做／今井孝 著；高宜汝 譯 . -- 初版 . -- 臺北市：方智出版社股份有限公司，2025.9
240 面；14.8×20.8 公分 --（自信人生；201）
ISBN 978-986-175-862-6（平裝）

1.CST：幸福 2.CST：自我實現 3.CST：生活指導

177.2 114009572